더 나은 언어생활을 위한

우리말 강화

더 나은 언어생활을 위한

우리말 講話 강화

최경봉 지음

책과함께

머리말

"이렇게 써야 하고 저렇게 쓰면 안 된다는 계몽적 관점을 벗어나자."
"말의 옳고 그름을 따지기에 앞서, 그 말을 쓰는 사람들의 마음과 그들이 이루어 온 언어문화의 속성에 주목하자."

2년 전 이 책의 밑바탕이 된 《한국일보》의 〈우리말 톺아보기〉 칼럼 연재를 시작할 때나, 그 글을 모아 이 책을 꾸민 지금이나 내 문제의식은 한결같이 이렇다. 우리말을 통해 서로의 경험을 공유해 온 사람들 간의 상호작용 양상을 톺아보면서 우리말 현상을 설명해 보자는 것. 이러한 문제의식을 견지하다 보니, 널리 쓰이면서도 '틀린 말'로 혹은 '불온한 말'로 취급되어 온 말들을 위한 변명이 많아졌고, 어떤 말이 만들어지고 정착되는 언어적 이유와 역사적 맥락을 살피는 데 특별히 주의를 기울이게 되었다.

'변명'은 사태가 발생한 이유와 맥락을 구체화함으로써 사태에 대한 인식의 지평을 넓힐 수 있게 돕는 일이라 할 수도 있을 터. 우리말 현상에 대한 변명으로서 '우리말 강화'의 의미도 이 지점에서 찾을 수 있다. '강화(講話)', 즉 '강의하듯 풀어쓴 이야기'로서 이 책은 그 말이 어떻게 만들어졌고, 어디에서 비롯하였고, 왜 그렇게 이해되고, 왜 그렇게 쓰이는지에 대한 이야기를 전한다.

이 구구절절한 변명에 귀 기울이다 보면, 독자들은 우리말에 대한 인식의 지평을 넓힐 수 있을 것이고, 우리말 사용자로서 자신 안에 잠재된 언어 본능을 확인할 수 있을 것이며, 궁극적으론 그 본능을 일깨워 우리말 능력을 강화(強化)하는 동력으로 삼을 수 있을 것이다.

국립국어원 정희원 어문연구실장의 주선으로 칼럼을 쓰기 시작했다. 매주 어김없이 닥쳐오는 원고 마감일에 떠밀려 쓰다 보니 100꼭지 넘는 이야기가 모였다. 도서출판 책과함께의 류종필 대표께서 이렇게 모인 이야기를 밑천 삼아 책을 꾸며 보자고 제안했다. 신문의 지면 제약으로 못다 한 이야기를 덧붙였고, 새로 30여 꼭지를 더했다. 그리고 이야기의 사이사이에 이야깃거리 삼은 언어 현상을 이해하는 데 도움이 될 만한 언어학적 설명을 꼭지 사이에 덧붙였다.

이렇게 또 한 권의 책을 세상에 내놓는다. 원고를 쓰는 동안 독자의 반응이 궁금한 이야기는 가족들의 반응을 먼저 살폈다. 이야기의 수준과 전개 방식을 결정하는 데는 두 아들 세영과 세운의 반응을, 버릴 부분과 살릴 부분을 결정하는 데는 아내 박유희 선생의 반응을 따랐다. 책을 꾸미는 내내, 한편으론 솔직하고 한편으론 진지했던 가족들의 반응을 떠올리며, 참신한 감각을 좇으면서도 애초의 문제의식을 놓치지 않으려 힘썼다. 그 뜻이 독자들에게 닿았으면 하는 바람이다.

2019년 5월

최경봉

차례

그 말은 어디에서 비롯한 것일까?
: 말의 기원

2

그 말이 그렇게 이해되는 이유는 뭘까?

: 말의 의미화

3

그 말은 왜 그렇게 써야만 할까?
: 규범의 존재 의미

4

①

그 말은 어떻게 만들었을까?

말 만들기의 원리

우후죽순처럼 생겨나는 신조어, 즉 새말은 제멋대로 만들어진 말로 취급될 때가 많다. 새말을 질서 있는 말 만들기의 방식을 벗어난 존재로 생각하는 것이다. 그러나 말 만들기의 일반 원리를 벗어나 만들어진 새말은 거의 없다. 단지 기존의 말과 달라 낯설거나, 쓰는 사람에 대한 거리감으로 불편할 뿐이다.

한국어를 모어로 하는 우리들은 머릿속에 본능처럼 새겨진 말 만들기의 방식에 따라 끊임없이 새말을 만들어왔다. 살아남은 새말은 익숙한 말이 되고, 익숙해진 말은 또 다른 새말을 만드는 기폭제가 되었다. 더구나 참신하고 깔끔한 새말을 만들려는 본능적 모색이 거듭되면서, 기존의 문법을 거스르는 것도 말 만들기의 한 방식으로 자리를 잡았다. 그러니 경우에 따라 낯선 새말이 불편하고 언짢을 수는 있겠지만, 그 말 때문에 우리말의 질서가 무너진다고 말할 수는 없다.

1부에서는 익숙한 말과 새로운 말을 두루 살펴보면서, 시간을 가로질러 자리 잡은 말 만들기의 원리를 이야기할 것이다. 낱말이 만들어지게 된 맥락을 알고 그 낱말에 담긴 사람들의 생각을 들춰보는 일은 곧 우리 안에 잠재된 언어 본능을 일깨우는 일일 것이다.

가짜뉴스

1974년 1월 8일 긴급조치 1호를 통해서 나온 것이 '유언비어(流言蜚語) 유포죄'였다. 이는 말 그대로 아무 근거 없는 말을 만들어 소문을 내는 행위를 처벌하겠다는 것. 그런데 이를 악법이라 하는 건 정권의 입맛대로 '유언비어'를 규정해 표현의 자유를 억압했기 때문이다. 민주화가 되면서 이 법이 폐지되자, '유언비어'라는 말도 구시대의 잔재로 취급되었다. 그리고 일상에선 '헛소문'과 '뜬소문'이, 법의 영역에선 '허위사실'이 그 빈자리를 채웠다. 최근엔 새말 '가짜뉴스'가 이 자리에 합류했다.

'페이크뉴스(fake news)'에서 비롯한 '가짜뉴스'가 우리말에 등장한 때는 2016년부터 2017년 사이인 듯하다. 새말이 등장한 언어적 이유는 간단하다. '유언비어', '헛소문', '뜬소문', '허위사실' 등으로 표현하기에 마땅치 않은 어떤 현상이 일반화된 것이다.

그 현상의 특성은 '소문'과 '뉴스'의 뜻 차이를 통해 확인할 수 있다.

'소문'이 '사람들의 입에 오르내려 전해지는 소식'이라면, '뉴스'는 '주로 언론을 통해 전해지는 소식'을 뜻한다. 이때 두 말의 차이는 정보 유통 방식의 차이를 보여준다. 즉 '소문'은 정보의 사적 유통에, '뉴스'는 정보의 공적 유통에 초점이 놓인 말인 것이다. 이런 측면에서 보면, '가짜뉴스'란 말의 등장은 정보의 공적인 유통 과정을 교란하는 행위가 많아진 현실을 반영한다고 할 수 있다.*

1인 미디어가 늘어나고 소셜네트워크서비스(SNS)와 유튜브를 통해 정보를 유통하는 비율이 높아지면서, '공(公)'과 '사(私)', 즉 '뉴스'와 '소문'의 경계는 점점 희미해진다. 이런 상황에서 우리는 '가짜뉴스'란 새말에 점점 익숙해지고 있다. 표현의 자유를 지키면서 정보 유통의 질서와 윤리 그리고 저널리즘의 역할을 재정립하는 게 시급한 일이 되었다.

---

* 2016년에 유명 영어사전들에서 'fake news'를 올해의 단어로 선정한 것을 보면, '가짜뉴스'는 미디어 환경의 혁명적 변화와 저널리즘의 위기 속에 전 세계가 직면한 공통 문제인 것으로 보인다.

개이득과 개 좋아

국어사전에서 확인할 수 있는 접두사 '개-'의 뜻은 '야생의, 질이 떨어지는, 흡사하지만 다른, 헛된, 쓸데없는, 정도가 심한'이다. 그러니 '개-'가 붙은 낱말을 좋은 뜻으로 쓰기는 어렵다. '개살구'나 '개떡'처럼 사물을 가리키는 말조차도 '마음에 들지 않거나 언짢은 것'을 비유하는 말로 더 흔히 쓰이는 게 현실이다.

'개이득'이라는 생소한 낱말을 접했을 때, 나는 이 말이 '개꿈'처럼 '헛된'을 뜻하는 '개-'가 붙어 만들어진 말이겠거니 했다. 그런데 '개이득'이 '큰 이득'임을 알고는 혼란스러웠지만, 이 말이 '개고생'처럼 '정도가 심한'을 뜻하는 '개-'가 붙어 만들어졌으려니 생각했다. '개이득'과 '개고생'의 '개-'는 '일상의 정도가 넘어선'이란 의미를 공유하고 있으니까. 물론 부정적으로 쓰이던 '개-'가 긍정적인 뜻까지 포괄하는 건 여전히 어색하다. 그러나

이 또한 익숙해질 것이다. 접두사 '왕(王)-'은 '매우 큰'의 뜻으로 '왕소금', '왕만두' 등에 쓰이는 한편, '매우 심한'의 뜻으로 '왕고집', '왕짜증' 등을 만드는 데도 쓰인다.

그러나 명사에 붙을 접두사가 '개 좋다, 개 급하다, 개 맛있다' 등처럼 쓰인 표현에 적응하기는 쉽지 않다. 다만 '개고생'이 '개고생하다'로 쓰이는 현상과 대비하면, '개 힘들다'가 만들어진 정황은 짐작할 수 있다. '정도가 심한 / 매우 큰'이란 뜻의 접두사 '개-'가 서술어와 호응하면서 '매우, 무척'이란 뜻의 부사로 변한 것이다. '왕-'에서도 마찬가지다. 이는 우리말의 파괴일까? 언어 변화 이론에서는 낱말이 접사로 바뀌는 변화를 문법화로, 접사가 낱말로 바뀌는 변화는 어휘화로 설명한다. 파괴보다는 변화로 보는 것이다.

문법화와 어휘화

문법화는 자립적인 어휘소에 문법적 특징을 부여하여 새로운 문법 형태를 만들어내는 과정을 말한다. 영어의 경우 문법화의 원형적인 예로 거론된 것이 'be going to'이다. "I am going (to Haarlem) to visit my aunt"에서 'go'는 방향성을 갖는 동사로 쓰였지만, "It is going to rain"에서 'be going to'는 미래조동사로 쓰였다. 한국어의 경우에는 보조용언 구성이 문법화의 예로 거론되었다. 예를 들어 행위 동사인 '버리다'는 "그가 남은 음식을 먹어 버렸다"에서 완료상을 나타내는 보조용언으로 쓰였다. 그런데 문법화의 진행 정도에 대한 판단은 관찰자에 따라 다를 수 있다. 예를 들어, '늦더위'의 '늦'을《표준국어대사전》에서는 어근에서 접두사로 변한 것으로 본 반면,《고려대한국어대사전》에서는 '늦'을 형용사 어근으로 판단했다.

문법화에 대응하는 개념으로서 어휘화(역문법화)는 문법적 기능을 하는 형태소가 자립적인 어휘소로 바뀌는 것을 말한다. 영어의 경우 이념을 나타낼 때 쓰는 접미사 '-ism'이 이념을 뜻하는 명사로 쓰이는 것이나, 특정 과일로 만들어지는 음료를 나타낼 때 쓰는 접미사 '-ade'가 그런 음료를 통칭하는 명사로 쓰이는 것이 그런 예이다. '급정지'와 '초고속' 등에 쓰이는 접두사 '급-'과 '초-'가 최근 '급 미안하다'와 '초 민망하다' 등처럼 부사로 전환되어 쓰이는데, 이런 쓰임도 어휘화의 한 예가 될 수 있다.

개장국과 육개장

한국인들은 옛날부터 '개장국', 즉 개고기를 여러 가지 양념, 채소와 함께 고아 끓인 국을 즐겨 먹었다. 그런데 1954년부터 '개장국' 판매가 금지되면서 '보신탕'이란 말이 쓰이기 시작했다. '보신탕(補身湯)'은 '허약한 몸에 영양을 보충해 주는 국'이니 '개장국'을 에두르는 말로는 안성맞춤이었을 것이다. 《큰 사전》에 '보신탕'이 실려 있지 않은 걸 보면 '보신탕'은 '개장국'을 은밀히 가리키기 위해 새로 만들어진 말로 보인다. 단속에도 불구하고 '개장국'을 '보신탕'으로 개명해 버젓이 팔고 있으니 '개장국'을 다시 허가했느냐는 질문이 나올 법했다. 이에 대해 '개장국' 판매는 단속하고 있지만, '보신탕'으로 팔고 있는 것에 대해서까진 잘 모르겠다는 정부 당국의 답변이 흥미롭다.

"당국에서 가축 보호의 견지에서 개장국 판매를 금한 바 있고 보안 관계의 경찰이 이를 단속하고 있습니다. 개장국으로 팔지 않고 보신탕으로 팔고 있는 모양이죠."(《경향신문》, 1954.6.30.)

이런 상황에서 '개장국'을 에두르는 말이었던 '보신탕'이 자리를 잡자 이 또한 자연히 꺼리는 말이 될 수밖에 없었다. 그러던 차에 1980년대 중반부터 '보신탕' 즉 '개장국'의 판매를 금지하는 조치가 강화되자 '보신탕'을 대신하는 말로 '건강탕', '영양탕', '사철탕' 등이 만들어졌다. 에두르는 말을 만들어도 이 또한 금세 입에 올리기 어려워지니 새말을 계속 만들게 된 것이다.

이젠 은밀하게 '개장국'을 먹는 문화도 시들해졌는지 이를 에두르는 말도 더 이상 나타나지 않는다. 그래도 '개장국'을 만드는 조리법만은 여전히 활용되고 있다. '육개장'은 쇠고기를 뜻하는 '육(肉)'과 '개장국'의 '개장'이 결합한 말인데, 쇠고기를 넣어 '개장국'처럼 끓인 음식을 가리킨다. 이런 방식의 말 만들기에 기대어 '닭개장'이란 말도 만들어졌다.

▷ 완곡어(69쪽)

고급지다

우리는 규범을 근거로 언어 사용의 잘못을 지적하면서도, 그런 지적을 받으며 사용되던 말이 자리를 잡고 나면 그 말을 근거로 규범의 존재 이유를 묻는다. "고급진 옷차림을 한 남자"나 "실내 장식이 세련되고 고급졌다"는 요즘 많이 쓰이는 표현이지만 규범에는 맞지 않는다. 규범대로라면 '고급지다'는 '고급스럽다'로 바꿔야 한다. 그런데 이러한 규범의 제약에도 '고급지다'는 더 널리 쓰이면서 도리어 규범을 바꿀 기세다. 어떻게 여기까지 올 수 있었을까?

'고급지다'가 '고급스럽다'를 대체해도 자연스러울 만큼 접미사 '-지다'와 '-스럽다'의 의미가 유사하기 때문이다. 그러나 두 접미사가 '그런 성질이 있음'이란 의미를 공유하더라도 그 쓰임이 항상 같은 건 아니다.

값지다 ○	값스럽다 ×
멋지다 ○	멋스럽다 ○
사랑지다 ×	사랑스럽다 ○
고급지다 ?	고급스럽다 ○

그런데 문제는 위와 같은 쓰임을 일관되게 설명할 수 있는 규칙을 세울 수 없다는 것이다. 이런 상황에서 '고급지다'가 널리 쓰이게 되니 규칙의 호위를 받지 못하는 규범은 흔들릴 수밖에 없다. 결국 '고급지다'의 확장을 막을 도리가 없는 것이다.

'고급지다'가 확장되는 또 다른 이유는 '-지다'와 '-스럽다'의 쓰임에 '고급지다'를 유추할 수 있는 고리가 있기 때문이다. '멋지다'와 '멋스럽다'는 모두 가능한데, '멋스럽다'에서 '고급스럽다'를 연상하는 일이 잦아지면 어떻게 될까? 머릿속엔 "멋지다 : 멋스럽다 = × : 고급스럽다"의 틀이 생길 것이고, 시간이 흐르면 그 틀의 ×가 '고급지다'로 채워질 것이다. 게다가 '고급지다'에서 '값지다'를 연상하는 건 자연스럽기까지 하다. 이런 연결 고리에서 '고급지다'가 자리 잡게 되면 '값스럽다'가 쓰이는 일이 생길 수도 있지 않을까?

유추

'유추(analogy)'는 기존 표현과의 유사성에 근거하여 새로운 표현이 만들어지는 방식을 가리키는데, 이는 유사하거나 인접한 관념들 간의 '연상(association)' 작용을 통해 이루어진다. 예를 들어, '더러운 돈'[불법적이거나 비윤리적인 방법으로 번 돈]으로부터 '더러운 거래', '더러운 제안'의 의미를 유추할 수 있고, 여기에서의 '더러운'은 "더러운 : 불법적인 = × : 합법적인"과 같은 비례식을 통해 '× = 깨끗한'을 유추할 수 있는 근거가 된다. 이로부터 '깨끗한 돈'[합법적인 돈]이란 표현이 만들어지는 것이다.

일상 언어생활에서 광범위하게 쓰이는 은유와 환유 표현도 유사하거나 인접한 관념들 간의 연상 과정으로부터 나온다. 예를 들어, '책상의 다리'라는 표현은 그와 유사성을 띤 '길짐승의 다리'에서 연상된 것이며, '컴퓨터를 두드리다'라는 표현은 '[컴퓨터의 부분인] 자판을 두드리다'에서 연상된 것이다. 인간은 '유추와 연상' 작용을 통해 끊임없이 경험을 체계화하고, 이렇게 체계화된 경험은 유추와 연상 작용에 지속적으로 개입하여 새로운 형태와 의미를 만들어낸다.

최경봉, 《어휘의미론: 의미의 존재 양식과 실현 양상에 대한 탐구》, 한국문화사, 2015

극장골과 극장

"벨기에가 일본을 상대로 경기 막판 '극장골'을 성공시키며 8강에 올랐다."

월드컵 소식을 알리는 한 기사문에 나온 문구다. 이처럼 축구 관련 기사에서 자주 접하는 낱말이 '극장골'이다. '극장골'은 '축구 경기에서 종료 직전 승부를 결정짓는 극적인 골'을 가리키는 말이다. '극적인 골'과 '극장골'의 의미 대응 관계를 볼 때, '극장골'은 '극적(劇的)인', '드라마 같은' 등과 같은 수식어를 '극장(劇場)'으로 대체해 만든 낱말임을 알 수 있다.

'극장골'이 빠른 시간 내에 '극적인 골'을 대체하는 표현으로 자리 잡게 된 건 '극(劇)'이란 말이 '극장'과 밀접한 관계를 맺고 있기 때문이다. '극장'에서 연극이나 영화를 연상하고, 여기에서 다시 '극장'을 연상할 수 있기에 두 표현의 호환이 자연스러운 것이다. 이처럼 특정 의미 관계에 따라 만들어진 표현이 안착하면, 이는 다른 상황을 나타내는 표현에 활용되기 마련이다. "기아는 연장 10회에 터진 극장 홈런으로 4-3 승리를 이뤘다"에선 '극장골'을 만든 표현법이 야구 경기에 적용되어, '극장 홈런'을 만든 것을 확인할 수 있다. 이러한 방식의 연상이 거듭되다 보면 '극장'의 의미적 역할은 더 다양해진다.

"3연속 극장, 삼성-두산 명승부에 잠실 들끓다"에서는 '역전승 상황'을 '극장'으로 표현하고 있다. 이처럼 '극적인'이라는 수식어의 역할에서 벗어나 '극장' 자체의 의미가 부각되고 나면, "두산 극장 다시 개봉해 보자"나 "롯데는 막판 투런 홈런으로 감동 극장을 열었다"란 표현이 만들어지는 건 자연스럽다. 이러한 표현들이 자리를 잡으면, '역전승을 거두는 상황'을 표현하는 '극장을 개봉하다'나 '극장을 열다'와 같은 관용표현이 탄생하는 것이다.

긴팔과 긴소매

"손목까지 내려오는 소매를 뭐라 할까요?" 이렇게 물으면 대부분의 사람들은 자연스럽게 '긴소매'라고 대답할 것이다. 질문을 바꿔 "팔꿈치 위나 팔꿈치까지 내려오는 짧은 소매를 뭐라 할까요?" 이렇게 물으면 '반소매'로 대답하는 사람이 많을 것이다. 그런데 이렇게 대답한 사람들도 실생활에서는 '긴소매 셔츠'보다 '긴팔 셔츠'를, '반소매 셔츠'보다 '반팔 셔츠'를 자연스럽게 쓸 것이다.

이처럼 의미를 먼저 제시하고 물을 때 실생활에서의 쓰임과 달리 대답하는 이유는 간단하다. 옷의 소매가 길고 짧은 것이라는 사실만 상기하면 '긴소매'와 '반소매'라 말하는 게 상식이기 때문이다. 그런데도 《표준국어대사전》에서는 '긴팔, 반팔'을 '긴소매, 반소매'와 같은 말로 풀이하고 있다. '긴팔, 반팔'이 일상화된 언어 현실을 인정한 것이다. 그렇다면 '긴팔'과 '반팔'처럼 상식에서 벗어난 표현이 일상화된 언어 현실을 어떻게 설명할 수 있을까?

규범적인 관점에 선다면 의미에 주의하지 않고 말하다 보니 이런 잘못된 표현이 일반화된 것이라고 할 수도 있다. 그러나 이를 단순히 의미에 주의하지 않은 결과로 단정하기는 어렵다. '긴소매, 반소매'의 '소매'를 일관되게 '팔'로 대체할 수 있다면, '소매'에서 '팔'을 혹은 '팔'에서 '소매'를 연상하는 것도 언어 작용의 원리라 할 수 있기 때문이다. 이처럼 어떤 것(팔)을 이용하여 그것과 인접한 다른 것(소매)를 나타내는 비유법을 '환유'라 한다.

환유를 언어 작용의 원리로 보면 언어 상식의 범위는 넓어질 수 있다. '주전자가 끓는다'에서는 '주전자 안의 물'을 '주전자'로, '손이 모자란다'에서는 '손으로 일을 하는 일꾼'을 '손'으로 표현했다. 상식적이지 않은 것이 없다.

환유換喩

비유는 은유, 환유, 직유 등으로 구분할 수 있는데, 이중 환유는 어떤 대상과 인접한 것을 통해 그 대상을 표현하는 방식을 말한다. 안경을 쓰고 있는 사람을 '안경!'이라고 부르거나, '긴소매'를 자연스럽게 '긴팔'로 대체하거나, '버스 안이 붐비는 것'을 '버스가 붐빈다'는 식으로 표현하는 것은 언어 표현에서 일상적으로 '환유'의 기제가 작동한다는 증거가 된다. 특히 환유가 인접성에 따른 비유 표현이라는 점에서, 부분과 전체 관계를 맺고 있는 대상들은 환유 표현에 자주 활용된다. "밤새 컴퓨터를 두드렸다"에서 '컴퓨터'는 특별히 그 부분인 '자판'을 가리키게 되는 것이다. 한편 "한국의 과학계를 이끌 차세대 두뇌 10인"과 같은 표현에서는 인체의 부분인 '두뇌'로 '뛰어난 과학자'를 가리킨다는 점에서 환유 표현이라고 할 수 있지만, '두뇌'로 '뛰어난 인물'을 개념화했다는 점에 주목하면 은유 표현으로도 볼 수 있다.

'꽃'과 어울려 만들어진 말

"포기 안 하려 포기해 버린 젊고 아름다운 당신의 계절, 여길 봐 예쁘게 피었으니까 바닥에 떨어지더라도 꽃길만 걷게 해 줄게요."

꽃시절에 가시밭길을 걸을 수밖에 없었던 어머니를 생각하는 자식의 마음이 꽃처럼 예쁘다. 이렇게 노래한 가수에게 누군가 이런 글을 남겼다. "앞으로는 꽃길만 걸으시기를…." 이들에게 '꽃길'은 '꽃이 피어 있거나 꽃으로 장식된 길'이면서 '순탄하고 행복한 삶'이자 '승승장구하는 화려한 스타의 삶'이다.

'꽃길'과 함께 떠올릴 수 있는 말로 '꽃보직'이 있다. "관직 생활 30년 동안 꽃보직으로 돌면서 꽃길만 걸어온 사람"은 별 어려움 없이 편안하고 화려한 관직 생활을 했을 것이다. '꽃보직'은 편안하되 사람들의 주목을 받을 만큼 화려하고 중요한 보직인 것이다. 이런 점에서 '꽃보직'은 편안하고 좋다는 뜻만을 지닌 '꿀보직'과는 다르다. 이처럼 우리말에서 '꽃'은 '화려함, 아름다움, 중요함'을 상기시킨다.

봄을 알리는 '꽃'은 신선함을 나타내는 데 쓰이기도 한다. '한창 젊은 여자의 나이'를 '꽃띠'라 하고, '젊고 활기 찬 시기'를 '꽃시절'이라 한다. 그런가 하면 '결혼한 신랑 신부가 처음으로 함께 자는 잠'을 '꽃잠'이라고도 한다. 젊고 신선함이 곧 아름다움이라는 생각이 이 말에 담겨 있다.

'꽃'은 대상의 화려함을 강조하는 말이기도 하다. '꽃단장'은 얼굴, 머리, 옷차림 등을 꾸미는 단장(丹粧)의 정도가 화려함을 뜻한다. '꽃분홍'과 '꽃자주'는 꽃 색깔과 관련 있는 색이름 '분홍'과 '자주'에 '꽃'을 붙여 색채의 짙고 화사함을 강조한 말이다. 그 자체로 화려하면서 가까이 있는 것마저 돋보이게 하는 꽃. 그런 꽃의 매력을 이 말들에서도 발견한다.

은유隱喩

은유는 한 영역을 다른 영역의 관점에서 개념화하여 표현하는 것이다. "내 마음은 호수다"라는 표현은 표현하려는 대상인 '마음'을 다른 대상인 '호수'로 개념화하여 표현한 은유 표현이다. 이때 은유 표현을 통해 서로 관련 없는 것을 유사한 것으로 이해할 수 있는 길이 열리면서 새로운 표현들이 만들어지게 된다. '마음'이 '호수'로 개념화되면서, '마음이 잔잔해지다'나 '마음에 파문이 일다'와 같은 표현을 할 수 있게 되는 것이다.

한국어에서 '꽃'은 다양한 은유 표현에 활용되는 낱말이다. '꽃'은 '여성'을 개념화하는 데에서 쓰이기도 하고, '가장 대표적인 것'을 개념화하는 데 쓰이기도 한다. 이로 인해 '꽃'과 어울리는 다양한 표현들이 많이 만들어져 다양한 의미로 쓰이게 되었다.

'꿀'과 어울려 만들어진 말

'꿀'은 달콤하다. 그래서 '꿀'은 "배가 고파서인지 밥맛이 꿀맛이다"에서처럼 '아주 맛있음'을 표현하는 데 적격이다. 또한 맛이 좋은 과일을 표현할 때도 '꿀사과, 꿀배, 꿀참외'처럼 '꿀'이 자연스럽게 쓰인다. 그런데 '꿀'이 미각을 표현하는 데 쓰이는 것만은 아니다. '꿀'은 인체의 특성이나 작용을 나타내는 데도 쓰인다.

아주 감미로운 목소리를 내는 사람을 뭐라 표현할 수 있을까? '성대'에 '꿀'을 결합한 '꿀성대'가 있다. '꿀성대'가 가능하면 그 성대에서 나오는 목소리는 '꿀목소리'라 표현할 수도 있다. 그런데 신체 이름에 '꿀'을 결합한 말은 성적인 연상을 부추길 수 있다. '꿀'과 '허벅지'를 합성한 '꿀벅지'가 쓰이면서 일어난 논란을 기억할 것이다. 이 때문인지 요즘은 '건강한 달콤함'이란 이미지를 부각할 수 있을 때만 신체 이름에 '꿀'을 덧붙이는 듯하다. '꿀

피부'는 곱고 윤기 있는 건강한 피부를 나타내는 표현으로 널리 쓰이고 있다.

'꿀'의 쓰임이 많아지며 '꿀'의 의미는 확장되고, 의미가 확장되는 만큼 '꿀'을 포함한 새말은 기하급수적으로 늘어나 '꿀'의 의미를 더 일반화한다. '꿀직장', '꿀보직', '꿀팁', '꿀강의' 등에서 '꿀'은 '매우 좋은'이란 뜻을 나타낸다. '꿀재미'와 이를 축약한 '꿀잼'에서 '꿀'은 '매우'의 뜻으로 쓰인다. 이제 '꿀'은 '이다'와 결합하여 '좋다'라는 서술어로도 쓰인다. "가창력이 꿀이다", "가격이 꿀이다" 등에서처럼.

달콤함은 인간이 추구하는 맛의 절정이다. 그 절정의 맛을 쉽게 접할 수 있는 시대여서 그럴까? 연인들의 사이좋음을 나타내는 관용표현으론 '깨가 쏟아진다'가 있지만, 요즘의 연인들에게는 '꿀이 떨어진다'는 말이 더 잘 어울린다.

도끼병

새말은 대부분 기존에 있던 말을 근거로 만들어지기 마련이다. 언뜻 보면 뜬금없이 만들어진 말 같지만, 그런 말의 출처를 찬찬히 따져 보면 우리가 쓰던 말에서 단서를 찾을 수 있다.

"내 말에 유난히 맞장구를 치는 여자를 보면서, 그녀가 내게 마음이 있는 건 아닌지 하는 생각이 들었다. 내가 도끼병에 걸렸나?" 나는 이 문장에서 '도끼병'이란 말을 처음 접했지만, '도끼병'의 뜻은 어렵지 않게 짐작할 수 있었다. 네이버의 '대중문화사전'에는 '도끼병'이 "다른 사람들이 모두 자신을 찍었다고(좋아한다고) 생각하는 병으로, 공주병 또는 왕자병과 비슷한 의미로 쓰인다"로 풀이되어 있다. 내 짐작이 얼추 맞았다.

이 말을 만든 이는 '찍다'라는 말에서 찍는 도구인 '도끼'를 연상한 후 '도끼병'을 생각했을 것이다. 이 말을 들은 사람들도 '누군가를 지목하다'란 뜻의 '찍다'가 '도끼로 무언가를 찍다'의 '찍다'에서 비롯했다고 생각하면서 '도끼병'을 받아들였을 터. 게다가 우리는 '여러 번 유혹하거나 권유하면 사람의 마음이 바뀌기 마련임'을 '열 번 찍어 아니 넘어 가는 나무 없다'로 표현하는 데 익숙하지 않은가. 유혹하거나 권유하는 행위를 도끼로 찍는 행위로 비유하는 게 자연스럽다면, '도끼병'은 우리의 언어 관습이 잘 녹아든 낱말이라 할 수 있다.

그런데 연상의 방식은 사람마다 다를 수 있다. "나무를 도끼로 찍다"의 '찍다'에서 "그를 신랑감으로 찍다"의 '찍다'를 연상하지 못할 수도 있는 것이다. 이런 인식의 차이는 국어사전에서도 확인할 수 있다. 《고려대한국어대사전》에선 '찍다'의 두 의미를 관련지어 한 낱말의 다의(多義)로 본 반면, 《표준국어대사전》에서는 두 의미를 관련짓지 않고 '찍다'를 동음이의어(同音異議語)로 봤다. '도끼병'이 널리 쓰여 자리를 잡는다는 건, '찍다'의 두 의미를 다의로 보는 게 일반화되었다는 뜻일 것이다.

다의어와 동음이의어

"배를 타고 강을 건넜다"에서의 '배(舟)'와 "배가 아파 병원에 갔다"에서의 '배(腹)'는 낱말의 형태와 발음이 같지만 의미는 다르다. 이 경우 첫째 문장의 '배'와 둘째 문장의 '배'는 동음이의어(同音異義語) 혹은 동형이의어(同形異義語)라 한다. 발음과 형태가 같지만 뜻은 다른 낱말이란 뜻이다. '동음이의어'는 '동음어'로, '동형이의어'는 '동형어'로 줄여 쓰기도 한다.

"과식을 했더니 너무 배가 불렀다"에서의 '배'와 "아이가 배를 내놓고 잠을 자고 있다"에서의 '배'는 어떤가? 첫 번째 문장의 '배'는 '등'의 반대편 신체 부위란 뜻이고, 둘째 문장의 '배'는 소화기관인 '위장'의 뜻이다. 이를 보면 발음과 형태가 같고 의미가 다르다고 할 수 있겠지만, 여기서 '의미가 다르다'는 뜻은 동음이의어에서 '의미가 다르다'는 것과 차원이 다르다. '배(舟)'와 '배(腹)'는 의미적으로 전혀 관련이 없지만, '신체 부위인 배'와 '소화기관인 배'는 인접해 있으면서 의미적으로도 연관되는 것이다. 이처럼 하나의 낱말이 문맥에 따라 여러 의미로 쓰이고 그 의미들이 서로 관련되어 있을 때, 이런 낱말을 '다의어(多義語)'라 한다.

국어사전에서는 동음어들을 각각 올림말로 수록하면서 '배1', '배2' 등으로 표시하고, 다의어에서의 여러 의미는 하나의 올림말 아래 ①, ②, ③ 등으로 나누어 수록한다. 그런데 동음어와 다의어의 구분이 항상 분명한 건 아니다. "심장이 뛰었다"와 "집으로 뛰었다"에서의 '뛰다'를 설명할 때, 이들을 별개의 낱말 '뛰다1'과 '뛰다2'로 볼 수도 있고, 하나의 '뛰다'가 두 문맥에서 '①벌떡벌떡 움직이다'와 '②어떤 공간을 달려 지나가다'는 뜻으로 쓰였다고 볼 수도 있는 것이다. 결국 동음어와 다의어의 구분은 의미 사이의 관련성을 판단하는 관점에 달린 것이다.

떡락과 떡

"인문·사회 과학이 생산하는 전문 지식의 가치는 암호화폐의 그것처럼 갈수록 '떡락'하고 있다."(《시사인》, 2018.2.20.)

주식 가치의 갑작스러운 폭락을 가리키던 은어, '떡락'이 가상화폐 투자자 사이에서 널리 쓰이더니, 이젠 영역에 제한 없이 널리 쓰이는 말이 되었다. '떡락'의 쓰임이 확장되니 그 반대말인 '떡상'의 쓰임도 확장되는 건 당연지사. "'떡락'한 내 인생도 언젠가는 '떡상'할지 모르잖아요"에서처럼. 그런데 '떡상'보다 '떡락'의 뜻이 먼저 와닿는 것은 우리에게 익숙한 '떡칠'과 '떡실신'의 '떡'에서 '떡락'의 '떡'을 연상하기 때문인 듯하다.

"얼굴에 흰 분을 떡칠을 했다"나 "밤새 술을 먹고 떡실신을 했다"에서 '떡칠'과 '떡실신'은 '떡이 된 상태', 즉 '엉망진창인 상태'를 나타낸다. 그런데 이로부터 '떡락'의 '떡'을 연상했다면, '떡칠, 떡실신, 떡락'의 '떡'에서는 '엉망진창인 상태'라는 공통의미를 뽑아낼 수 있을 터. 전통 음식 '떡'이 '떡이 되다'란 비유 표현을 거쳐, '떡칠', '떡실신', '떡락'이란 낱말을 이루는 요소로 쓰인 것이다.

그런데 '가치의 폭등'을 뜻하는 '떡상'은 어떻게 설명할 수 있을까? 의미상 '떡상'의 '떡'에서는 '정도가 과함'을 연상할 수는 있어도 '엉망진창인 상태'를 곧바로 연상하긴 어렵다. 따라서 '떡칠', '떡실신', '떡락', '떡상'으로 비교의 범위를 넓히면, '정도가 과함'이란 공통의미를 추출할 수 있다. 이처럼 '정도가 과함'으로 추상화된 '떡'은 위의 네 낱말만이 아니라, 새로운 낱말을 만드는 요소로 작용할 수도 있다. 그러한 '떡'이라면 그것은 구체 명사가 추상화되어 접두사로 변화하는, 즉 문법화 과정을 겪고 있다고 해야 할 것이다.

마른장마

북한에서는 '드라이아이스'를 '마른얼음'이라 부른다. '마르다'가 그와 어울릴 것 같지 않은 '얼음'을 꾸미는 방식이 특이하다. '마른얼음'의 낱말 구성을 낯설게 느끼는 사람이라면 이러한 낯섦이 'dry ice'의 직역에서 비롯한 것이라 생각하기 쉽다. 그런데 우리말에는 이러한 구성, 즉 '마르다'가 '물을 환기하는 말'을 꾸미는 구성의 낱말이 제법 많다. 이중엔 '마른빨래'나 '마른눈'처럼 'dry-cleaning'과 'dry-snow'를 직역한 낱말도 있지만, 영어 표현과 관련 없이 만들어진 낱말도 있다.

'마른침을 삼키다'는 긴장하여 입안이 바짝 마른 상태에서 침을 힘들게 삼키는 상황을 나타낸다. '마른세수를 하다'는 물기 없는 손으로 얼굴을 문질러서 씻어 내는 것을 가리키는 말이다. 몹시 긴장하거나 놀란 상황, 즉 식은땀을 흘리는 상황은 '마른땀을 흘리다'로도 쓴다. '마른침', '마른세수', '마른땀' 등의 낱말을 보면 '침', '세수', '땀' 등 '물을 환기하는 말'과 '마르다'를 결합하는 말 만들기가 우리말에서 자연스러운 것임을 알 수 있다. 그런데 두 말의 결합 방식이 의미상 독특하다 보니 이런 말들은 어지간히 익숙하지 않는 한 낯설게 느껴진다.

"강수량이 2000년에 이어 최저를 기록하고 있는 가운데 올해도 마른장마가 예상된다"에서 '마른장마'는 '장마철인데도 비가 아주 적게 오거나 갠 날이 계속되는 기상 현상'을 가리킨다. '마른장마'라는 말이 낯선 사람이라도 그 말의 뜻은 쉽고 명료하게 파악할 수 있을 것이다. 일부에겐 낯설 수 있는 말이 대중매체에서 널리 쓰이는 건 이 때문이다.

장마철이 지나면 휴가철이다. 여름철 물놀이할 때는 '마른익사(dry-drowning)'에도 주의해야 한다.

불맛

맛을 나타내는 말은 대개 음식이나 미각을 가리키는 말을 집어 넣어 만든다. '밥맛', '물맛', '꿀맛', '장맛', '짠맛', '단맛', '쓴맛', '신맛', '매운맛', '떫은맛' 등이 그렇게 만들어진 말이다.

그런데 맛을 나타내는 말 중엔 '입맛', '눈맛', '손맛'처럼 신체 부위 명칭을 포함하는 것도 있다. '혀'가 아니라 '입', '눈', '손'을 써서 맛을 나타내는 낱말을 만든 것이 흥미롭다. '입맛'과 '눈맛'은 음식을 섭취하는 '입'과 음식을 보는 '눈'에서 느끼는 맛의 감각이다. 반면 음식 맛의 영역에서 '손맛'* 은 '손에서 느끼는 맛'이 아니라 '손으로 내는 맛'을 나타낸다. 음식을 '손'으로 만든다는

* 음식 맛의 영역 외에 '손맛'을 쓰기도 한다. "주머니에 든 물건이 무엇인지를 손맛으로 알았다"에서 '손맛'은 '손으로 만져 보아 느끼는 느낌'을 뜻하고, "낚시의 매력은 손맛에 있다"에서 '손맛'은 '물고기의 입질이나 물고 당기는 힘이 낚싯대를 잡은 손에 전해 오는 느낌'을 뜻한다.

점에 착안하여 '손맛'이 만들어졌을 것이다.

근래엔 부쩍 '불맛'이란 말이 많이 쓰인다. 국어사전에는 아직 실리지 않은 새말이다. '불맛'은 '무척 매운 맛'을 뜻하기도 하지만, 대부분 '불로 구워서 내는 맛'이란 뜻으로 쓰인다. 그런데 '불맛'은 과연 새말일까? '불맛'으로 표현하는 맛에 익숙해져서 그런지 내겐 '불맛'이란 말도 오래된 말처럼 느껴진다. 아니나 다를까 2009년에 나온 〈불맛〉이란 시가 있었다.

어머닌 불맛을 안다고 하셨다
불간이 잘 배어야 음식은 맛있는 법이라며
여린 불, 센 불
소금 대신 불구멍으로 간을 맞추셨다
이 모두,
벼락에 구워진 들소의 안창살을 맛봤다던
네안데르탈인을 닮았던 아버지 때문이었다 (구광렬의 〈불맛〉에서)

《큰 사전》에 처음 실린 '불고기'는 "숯불 옆에서 직접 구워 가면서 먹는 짐승의 고기"로 풀이되었다. 구운 고기를 '불고기'로 이름 지은 걸 보면 한국인들이 오래전부터 '불맛'에 특별한 의미를 부여한 건 분명한 듯하다.

비혼非婚과 비정규직非正規職

"자신의 의지로 결혼하지 않은 사람을, 결혼을 생각 중이지만 아직 하지 않은 미혼자로 묶어 버리는 건 잘못된 거예요." 결혼에 대한 사회적 인식이 달라지면서부터 이처럼 '결혼을 하지 않은 사람'과 '아직 결혼하지 않은 사람'을 구분해야 한다는 문제의식이 생겼다. 그리고 접두사 '미(未)-'의 의미를 민감하게 의식하면서 '미혼(未婚)'에 대응하는 새말인 '비혼(非婚)'이 만들어졌다.

'미(未)-'에는 '아직 되지 않은'의 뜻이, '비(非)-'에는 '아님'의 뜻이 있다. 이 차이를 되새겨 보면 이 접두사가 포함된 말을 새롭게 의식하게 된다. '비정규직(非正規職)'도 그런 말 중 하나다. 정규직이 되는 게 꿈인 세상에서 '정규직이 아님'의 뜻을 나타내는 '비정규직'이 '고용'에 대한 현재의 인식을 제대로 담아낼 수 있을까? '미혼'에 대응해 '비혼'을 만든 논리라면, 어쩌면 '비정규직'에 대응해 '미정규직'이란 말을 만들어야 할 수도 있다.

그런데 '비정규직'이라는 말만으로도 정규직을 꿈꾸는 고용 현실을 나타내는 걸 보면, '비혼'이란 새말을 만든 것이 '미-'와 '비-'를 구분해야 하는 언어적 필요 때문이라고 말하기는 어렵다. 사실 '비혼'이란 말을 만든 것은 사람을 '미혼'과 '기혼'으로 나누는 틀을 깨기 위함이었을 것이다. 결혼이란 틀로 사람을 보는 게 문제의 핵심이란 말이다.

'남녀가 부부 관계를 맺음'의 뜻인 '결혼'에는 '이룬다'는 뜻이 담겨 있다. '결혼'의 뜻이 이러니 '미성년, 미완성, 미해결'이 자연스럽듯 '미혼'이 자연스러울 수밖에 없는 것이다. 그렇다면 '비혼'이란 말을 만든 애초의 의도를 제대로 살리려면 접두사 '비-'와 '미-'의 차이에 주목할 게 아니라 어근 '(결)혼'을 벗어나는 말을 만들어야 하는 건 아닐까?

삼계탕蔘鷄湯과 계삼탕鷄蔘湯

여름 보양식 하면 떠오르는 것이 '삼계탕'이다. 해마다 초복이면 '삼계탕'은 포털의 실시간 검색어 1위에 오를 만큼 관심을 받는다. 그런데 이번에 두드러진 것은 '삼계탕'과 더불어 '계삼탕'이 화제에 올랐다는 점이다. '삼계탕'과 '계삼탕'을 관련지은 기사들의 요점은 "주재료가 닭이고 부재료가 인삼이었기에 본래 '계삼탕'으로 불렸지만, 닭보다 인삼이 귀하다는 인식이 생기면서부터는 지금의 이름인 '삼계탕'으로 불렸다"는 것이다. 언뜻 들으면 고개가 끄덕여지겠지만, 이를 그대로 받아들이면 낱말이 형성된 과정을 곡해할 수 있다.

어근이 두 개 이상 결합하여 만들어진 낱말에서, 앞선 어근은 뒤의 어근을 수식하는 기능을 할 때가 많다. 예를 들어 '금반지'는 '금'과 '반지'를 어근으로 한 낱말인데, 여기에서 '금'은 중심 어근인 '반지'의 특징을 나타내는 수식의 기능을 하는 것이다. 이러한 낱말 형성 원리를 염두에 두고 '계삼탕'과 '삼계탕'의 관련어를 찾다 보면 눈에 띄는 게 '인삼탕'과 '계탕'이다.

《표준국어대사전》에선 '인삼탕'을 "인삼을 넣어 달인 탕약. 독삼탕(獨蔘湯), 계삼탕(鷄蔘湯) 따위가 있다"로 풀이했다. 이 풀이에 근거하면 '주재료가 닭이고 부재료가 인삼'이란 뜻으로 '계삼탕'이라 한 게 아니라, '닭을 넣은 인삼탕'이란 뜻으로 '계삼탕(鷄+[人]蔘湯)'이라 했음을 알 수 있다. 또한 '닭국'이란 뜻의 '계탕(鷄湯)'이 있음을 볼 때, 이를 어근으로 '삼을 넣은 계탕'이란 뜻의 '삼계탕(蔘+鷄湯)'이 만들어졌음도 알 수 있다.

결국 '삼계탕'과 '계삼탕'은 같은 음식을 가리키는 말로 쓰일 수 있겠지만, 전자에는 '계탕'의 한 종류라는 의미가, 후자에는 '인삼탕'의 한 종류라는 의미가 남게 된 것이다.

손글씨

손으로 글씨 쓰는 것을 당연하게 생각하는 사람들에 '손글씨'는 생뚱맞은 낱말이다. '붓글씨, 펜글씨'는 '글씨'에 '붓, 펜'처럼 도구를 나타내는 말을 결합하여 만든 낱말이고, '게발글씨, 잔글씨, 덧글씨, 흘림글씨, 꼬부랑글씨'는 '글씨'에 '게발, 잔, 덧, 흘림, 꼬부랑' 등 모양 또는 쓰는 방식을 나타내는 말을 결합하여 만든 낱말인데, 이 모든 '글씨'는 결국 손으로 쓰는 것이다. 그러니 '글씨'에 '손'을 붙인 낱말을 만들 이유는 없다. 발로 쓰는 글씨라면 '발글씨'라 하겠지만 손으로 쓰는 글씨는 그냥 '글씨'라 하면 그만이다.

그런데 타자기에 이어 컴퓨터가 등장하면서 문서를 작성하는 데에서 손의 역할도 달라졌다. 자판을 두드리거나 마우스를 움직여 문서를 작성하는 일이 일상화되면서 '손으로 쓰는 글씨'가 특별한 의미를 띠게 된 것이다. 이처럼 '손으로 쓰는 글씨'가 당연한 게 아닌 세상이 되자 '손글씨'란 말이 만들어졌다.

'손글씨'가 자리를 잡으면서 만들어진 말이 '손편지'다. '손편지'는 이메일과 소셜네트워크서비스(SNS)를 통해 소식을 주고받는 것이 일상화되면서, '손글씨'로 편지를 쓰는 일이 줄어든 현실을 반영한 말이다. 그런데 '손으로 직접 하는'의 뜻을 나타내기 위해 '손'을 붙여 새말을 만드는 것이 최근의 현상은 아니다. 그간 '손'을 붙여 만든 낱말들을 보면 손으로 하는 것을 당연시하던 일들이 점점 없어지는 시대의 변화를 가늠할 수 있다.

재봉틀을 이용하는 바느질이 일반화되면서 '손바느질'이, 기계로 뽑는 국수가 일반화되면서 '손국수, 손칼국수'가, 세탁기가 일반화되면서 '손빨래, 손세탁'이 만들어졌다. 시간이 흐를수록 손으로 하는 일은 점점 줄어들 것인데, 이제 어떤 낱말에 '손'을 붙여 새말을 만들게 될까?

유표성 有標性, markedness

유표성은 낱말의 형태나 의미적 특성을 설명하는 데 유용하게 활용되는 개념이다. 이때 유표성은 그 반대말인 무표성과 대비되어 그 개념이 명확해지는데, 유표성은 일반적이지 않음을 나타내는 특성으로, 무표성은 일반적임을 나타내는 특성으로 볼 수 있다. 유표성은 대체로 세 가지 유형으로 나타난다.

첫째, 특정 형태가 덧붙는 낱말은 유표성을 띠고 그것이 붙지 않는 낱말은 무표성을 띤다. '비협조', '손글씨', '손편지', '여교수'는 유표성을 띠는 낱말이고, '협조', '글씨', '편지', '교수'는 무표성을 띠는 낱말인 것이다.

둘째, 분포가 제한적인 낱말은 유표성을 띠고, 분포가 자유로운 낱말은 무표성을 띤다. "그 다리는 얼마나 (길어, 짧아)?"에서 괄호 안에 올 수 있는 말은 '길다'이다. '길다'의 분포가 '짧다'보다 자유로우니, '길다'는 무표적이고 '짧다'는 유표적이라 할 수 있다. 게다가 '길다'는 '길이'라는 명사를 파생할 수 있지만, '짧다'는 '짧이'라는 명사를 파생할 수 없다. 무표적인 '길다'가 '길이'를 파생하고, 그 '길이'를 활용해 우리는 "그건 길이가 짧아 / 길어"와 같은 말을 할 수 있는 것이다.

셋째, 구체적인 의미의 낱말은 유표성을 띠고, 넓은 의미의 낱말은 무표성을 띤다. '장미'와 '꽃'을 비교해 보면, '장미'는 유표성을 띠지만 '꽃'은 무표성을 띤다고 할 수 있다.

손기척

사회생활을 하는 사람이라면 하루에 최소 한 번 이상은 손으로 문을 두드리는 행위를 할 것이다. 남의 공간에 들어가기 전에 인기척을 내는 방식으로 관습화한 것이 가볍게 문을 두드리는 것이기 때문이다. 이런 행위를 우린 '노크(knock)'라 한다. 그런데 '노크'를 대신할 만한 고유어는 딱히 떠오르지 않는다. 사실 '노크'는 인기척을 내는 전통적인 방식이 아니었으니 이에 대한 고유어가 있을 리 없다.

북한에서는 '노크(knock)'를 '손기척'이라 한다. '손기척'이란 낱말을 처음 본 사람이라도 '기척'이란 낱말을 알면 그 뜻을 쉽게 짐작할 수 있으니 잘 다듬은 말이다. 더구나 '기척'에 '인(人)'을 붙인 '인기척'이 있으니, '기척'에 '손'을 붙여 만든 '손기척'은 조어법에도 맞는 말이다. 뜻도 잘 통하고 조어법에도 맞으니 이는 남북이 함께 쓸 순화어로 삼을 만하다. 그러나 잘 만든 것과 널리 쓰이는 건 다른 문제다. '손기척'은 잘 다듬어진 순화어일 수는 있지만 우리에겐 '노크'를 대신할 만큼 자연스러운 말은 아니다.

'손기척'이란 말이 자연스럽게 받아들여지려면 일단 '기척'이 어근인 말이 다양해야 한다. '손기척'이 어색한 것도 '기척'을 어근으로 하는 말 중 우리에게 익숙한 낱말이 '인기척'뿐이기 때문이다. 그러나 국어사전을 찾아보면 '인기척' 이외에도 '문기척' '발기척' '숨기척' 등의 낱말을 볼 수 있다. 이중 '문기척'은 의미상 '손기척'과 비슷한 말로 쓰일 수 있으며, '발기척'은 낱말의 구성상 '손기척'과 짝을 이룰 수 있다. 그러니 '손기척'의 운명은 '문기척', '발기척', '숨기척' 등이 얼마나 사람들의 입에 오르내리느냐에 달려 있을 수밖에 없다.

순삭하다

"이렇게 될 경우 컨트롤의 싸움보다는 단순히 머릿수의 싸움이 된다. 한 명이라도 포획당하면 0.1초 만에 '순삭'당하는 식으로 말이다."(《디스이즈게임》, 2012.11.26.)
"전투가 워낙 긴박해서 화면에 잡히지는 않았는데, 테란의 5시 반 멀티에 가서 일꾼을 '순삭'시켰어요."(《포모스》, 2013.2.9.)

'순삭'이 처음 등장했을 때, 이 말은 게임에서 '캐릭터가 일시에 소멸된다'는 뜻으로, '순삭당하다', '순삭시키다'와 같이 쓰였다. 그런데 '순삭'은 게임의 영역에 머물지 않았다. "예매 시작과 함께 순삭 매진되며 영화제 가장 큰 이슈로 관심받은 액션 대작"에서처럼 '물건을 파는 맥락'이나, "짜장면 두 그릇을 순삭했다"에서처럼 '음식을 먹는 맥락'으로 확장되어 쓰였다. 현재 '순삭'

은 주로 '시간이 빠르게 가는 것'을 표현할 때 쓰인다. "영화가 어찌나 재미있는지 두 시간이 순삭, 기차 시간을 순삭해 줘서 고마웠다"나 "매주 순삭되는 현대인들의 주말"에서처럼 말이다.

컴퓨터를 매개로 한 게임의 맥락에서는 '캐릭터의 소멸'을 '삭제'로 표현할 수 있을 테니, '순삭'은 '순간 삭제'의 단순 줄임말이었을 것이다. 그런데 게임의 맥락을 벗어난 '순삭'은 '순간'과 '삭제'의 조합을 넘어선 뜻이 되었다. '삭제'에서 곧바로 '매진됨', '먹어치움', '흘러감'을 연상하기 어렵고, '두 그릇 순삭'을 '두 그릇 순간 삭제'로 복원하는 것은 어색하기 때문이다. 그렇다면 '두 그릇 순삭'이나 '두 시간 순삭'의 '순삭'은 '순간 삭제'의 단순 줄임말이 아니라, '순간 삭제'의 줄임말 '순삭'이 의미를 확장하여 만들어진 낱말로 볼 수 있다. 의미 확장의 기본 단위가 될 만큼 '순삭'이 하나의 낱말로 자리를 잡은 것이다.

▷ 줄임말(79쪽)

신박하다

"문 열고 잡아주는 신박한 로봇의 등장"
"이 영화는 범죄물과 공포물을 신박하게 뒤섞었다."
"그의 아이디어는 바로 영화화 할 수 있겠다 싶을 만큼 신박했다."

이들 문장에 쓰인 '신박하다'는 사전에서 찾을 수 없는 새말이다. 새말의 속성상 낯설 법도 하지만, 이 낱말은 문장 속에 녹아들어 눈에 거슬리지 않는다. 이 말을 처음 접했을 때, 나는 맥락상 '신기하다', '참신하다' 등의 뜻을 지닌 낱말이 아닐까 생각했다.

아니나 다를까 '신박하다'를 표제어로 올린 '우리말샘'에서는 이를 '新박하다'로 분석하면서 '새롭고 놀랍다'로 풀이했다. 이 분석에 따르면 '새롭다'는 '신'에 '놀랍다'는 '박'에 연결된다. 그런데 문제는 '박'과 '놀랍다'를 연결 지을 고리가 전혀 없다는 점이다. 사정이 이렇다 보니 이 말의 기원에 대한 설이 여러 가지일 수밖에 없다.

'신기하다'와 '대박이다'를 합한 말이라는 설도 있고, 일부 네티즌들이 '기'를 '박'으로 바꿔 말하면서 '신기(新奇)'를 '신박'으로 쓰게 되었다는 설도 있다. 이외에 기존의 낱말인 '쌈박하다'와 관련지어 '신박하다'의 기원을 추정하기도 한다. 세 가지 설이 나름 그럴듯한 근거를 대고 있으나, 이중 가장 널리 알려진 건 두 번째 설, 즉 '기'를 '박'으로 바꿔말한 데에서 '신박하다'가 만들어졌다는 설이다. 그러나 '기'를 '박'으로 바꿔말했을 말들 중 유독 '신박하다'만이 널리 쓰이게 된 건 특별한 설명이 필요하다. 게다가 '신박하다'의 뜻과 용법이 '신기하다'와 같다고 볼 수 없으니, '기'를 '박'으로 바꾼 건 단순한 형태 교체 이상의 의미가 있을 터.

그러니 이럴 땐 기원을 확정하는 데 몰두하기보다 '신박하다'가 짧은 시간 안에 널리 퍼지고 자연스럽게 수용된 이유를 생각해 보는 게 생산적일 것이다. '신박하다'를 '쌈박하다'와 관련지은 설에 눈길이 가는 건 이 때문이다. '신박하다'의 뜻을 '쌈박하다'와 관련지어 연상한다는 사실은 새말 '신박하다'가 자연스럽게 받아들여진 이유를 말해준다. 기존의 말에 기댈 수 있을 때 새말의 수용과 확산은 더 빨라질 수 있는 것이다.

‘엄마’를 가리키는 말

“엄마!” 이처럼 여러 감정을 불러일으키는 말이 또 있을까? ‘엄마’라는 말이 그런 건 우리 삶에서 엄마가 차지하는 비중이 그만큼 높기 때문일 거다. 그래서 그럴까? ‘엄마’로 만들어지는 새말의 수는 ‘어머니’나 ‘아빠’의 경우보다 훨씬 많다. 아이가 엄마로부터 받는 영향과 아빠로부터 받는 영향을 비교해 보거나 한 여성이 ‘엄마’로 불릴 때와 ‘어머니’로 불릴 때의 차이를 생각해 보면 그 이유는 분명하다. 긍정적이든 부정적이든 삶에서의 비중이 클수록 그와 관련한 말은 더 다양해지는 것이다.

새말 중에는 육아와 교육에서 ‘엄마’의 성격과 역할을 나타내는 말들이 많다. ‘우리말샘’에는 이런 말들이 수록되어 있다. ‘고슴도치 엄마’, ‘기러기 엄마’, ‘돼지엄마’, ‘매니저 엄마’, ‘열성 엄마’, ‘열혈 엄마’, ‘불량 엄마’, ‘주말 엄마’…. 게다가 이젠 ‘엄마’

의 줄임말 정도로 쓰이는 '맘(mom)'까지 포함하면 엄마를 가리키는 새말의 수는 훨씬 더 늘어난다. '코끼리 맘', '헬리콥터 맘', '코칭 맘', '캥거루 맘', '앵그리 맘', '에듀 맘', '강남 맘', '사커 맘', '슈퍼 맘', '취업 맘', '전업 맘', '인공위성 맘'….

대부분의 새말은 육아와 교육에 극성스러운 엄마를 가리킨다. 극성스러운 엄마는 '고슴도치 엄마(자기 자식을 무척 아끼고 귀여워하는 엄마)'에서 시작하지만 '헬리콥터 맘(자녀 주위를 맴돌며 사사건건 간섭하는 엄마)'으로 발전한다. 결국 입시 제도를 비꼬는 '엄마 사정관제'라는 말까지 만들어지게 되었다. 이처럼 엄마를 자기 자식만을 위하는 사람으로 보는 사회에서 엄마는 비하와 혐오의 대상이 될 수도 있다. '맘충(mom蟲)'은 그래서 슬픈 말이다.

▷ 충(蟲)(84쪽)

여자사람친구

장면 1 "그때 같이 있던 사람이 여자친구니?"라는 아버지의 질문, 아들은 "아니에요. 그냥 친구예요"라고 답한다.

장면 2 "그 사람이 전에 말했던 네 애인이야?"라는 아버지의 질문, 아들은 "아니에요. 아직까진 여자친구로 만나고 있어요"라고 답한다.

내겐 이런 대화가 자연스럽다. 장면1의 대답이 "아니에요. 여자사람친구예요"이거나 장면2의 대답이 "네. 여자친구 맞아요"라면 난 이 대화를 무척 어색해할 것이다.

'여자사람친구', 줄여서 '여사친'은 젊은 세대가 쓰는 새말이다. 그 반대말은 '남자사람친구(남사친)'. 그런데 이 말들은 갑자기 생겨난 게 아니다. 제법 긴 시간 동안 일어난 여러 언어 현상이 복합적으로 작용한 결과다.

한 낱말의 의미는 다른 낱말과의 관계 안에서 결정된다. 따라서 이 관계에 변화가 생기면 그 체계에 있는 모든 낱말들의 의미도 따라 변한다. 나는 아직까지 이성 관계의 정도를 '애인, 여자(남자)친구, 친구'라는 세 낱말의 관계 안에서 이해한다. 그런데 젊은 세대의 대화에서는 '애인'이란 말이 잘 쓰이지 않게 되면서, 이러한 낱말들의 관계에도 변화가 생긴 듯하다. 불안정한 '애인'의 의미를 '여자친구 / 남자친구'가 넘겨받게 된 것이다. 이런 상황에서는 이성 관계를 '애인'과 '친구'로 구분하는 것이 아니라, '여자친구 / 남자친구'와 '친구'로 구분하게 된다.

그런데 문제는 '친구'에 대한 연상이 사람마다 다를 수 있다는 점이다. '친구'라는 말에서 또래나 동성 친구만을 떠올리는 사람도 있는 것이다. 그러다 보니 이성 친구를 가리킬 때는 꾸밈말을 덧붙여 '친구'의 범위를 정하게 되었다. '여자인 친구'이면서 '그냥 친구'라는 의미로, '여자'와 '사람'을 조합한 '여자사람친구'가 만들어진 것이다. 세상에 맥락 없이 나온 말은 없다.

열일하다

“그녀들의 느낌은 밝고 적극적이었다. 그 느낌이 말해 주듯이 알고 보니 모두 열일해 온 능력자들이었다.”

‘열일하다’를 처음 접했을 때, 나는 이 낱말이 ‘열 가지 일, 즉 여러 가지 일을 하다’는 뜻이겠거니 생각했다. 이 낱말이 쓰인 문맥을 봐도 그렇고, ‘열 일 제치다’와 같은 익숙한 표현과 대비해 봐도 그렇고, 나로선 그렇게밖에 생각할 수 없었다. 그런데 ‘우리말샘’에서는 ‘열일하다’를 ‘열심히 일을 하다’로 풀이해 놓았다. ‘熱心히 일하다’가 줄어 ‘熱일하다’로 되었다고 본 것이다. 주위 사람들에게 물으니 열에 일곱은 ‘우리말샘’의 손을 들어주었다. 그래도 나머지 셋의 반응이 날 위로해 준다. 열심히 살아야만 여러 가지 일을 할 수 있으니, 문법적으로나 관습적으로나 ‘열(熱)

일'보단 '열(十)일'이 더 자연스럽지 않은가.

우리말에서 '백, 천, 만' 등이 많은 수를 대표하는 말로 쓰이듯, '열'은 관용적으로 '여럿'을 대표하는 말로 쓰였다. "난 열 번 죽었다 깨어도 그런 일은 할 수 없었다"나 "열 번 찍어 안 넘어가는 나무 없지"에서 '열 번'은 '여러 번'을 뜻한다. 이런 언어 관습에 익숙한 사람들이라면 '열일하다'의 '열일'을 '여러 가지 일'이란 뜻의 합성명사로 볼 수 있다. 그리고 '열일하다'를 '열일을 하다' 처럼 쓸 수도 있다. "그는 광고부터 화보 촬영까지 쉴 틈 없이 열일을 하며 팬들을 만나고 있다"에서처럼.

새로운 말을 접하면 사람들은 자신이 알고 있는 말을 근거로 새말의 뜻을 유추하게 된다. 한 언어 공동체에 속한 사람들이 유추하는 근거는 대부분 유사하지만, 유추의 근거가 다를 경우 새말을 달리 이해할 수 있다. '열일하다'를 이해하는 차이가 그렇다.

오지다

'오지다'는 요즘 청소년층을 중심으로 많이 쓰이는 낱말이다. 일상에서 '오지게 맛있다', '오지게 바쁘다', '오지게 쉽다', '가창력 오졌다', '분위기 오진다' 등의 표현을 흔히 접할 수 있다. 이때 '오지다'는 '놀랄 만큼 대단하다'란 뜻으로 쓰인다.

《고려대한국어대사전》에서는 '오지다'를 "허술한 데가 없이 매우 야무지고 실속이 있다"로 풀이하면서, 예문으로 "그해 겨울은 오지게도 추웠다"와 "그해에는 앵두가 가지마다 찢어지도록 오지게 달렸다"를 제시했다. 여기에서 '오지게'는 '놀랄 만큼 대단하게'로도 읽힌다. 그러니 요즘 유행하는 '오지다'를 무작정 새말로 취급할 수는 없을 듯하다.

그러나 '오지게 쉽다'와 '오지게 바쁘다'에서의 '오지다'를 사전에서의 풀이를 근거로 이해하기는 쉽지 않다. '쉽고 바쁨'의 정도를 표현하는 '오지게'의 뜻을 '야무지고 실속 있게'로부터 연상하는 게 어려워진 것이다. 더구나 '분위기 오진다'에서처럼 '오지다'는 부사적 용법을 넘어 서술적 용법에서도 자연스럽게 쓰인다. '오지다'를 새말로 느끼는 것은 이러한 변화 때문일 듯하다.

사전에는 '오지다'의 유의어로 '올지다'가, '올지다'의 유의어로 '올차다'가 나온다. 각각의 본말로 '오달지다'와 '오달차다'도 나온다. 그런데 유사한 뜻의 여러 낱말 중에서 우연히 '오지다'가 청소년들의 입에 붙어 유행하면서 '오지다'에만 새로운 뜻이 추가되었다. '오지다'의 새 뜻은 유의어인 '올지다'와 '올차다'에 옮겨갈 수 있을까? 어휘 체계상 그럴 수도 있겠지만 그런 전이가 모두 어휘 체계에 따라 이뤄지는 건 아니다. 한 낱말의 변신과 유행은 대개 그 낱말이 지닌 발음과 어감의 특별함에서 비롯하기 때문이다.

완곡어

어떤 말에서 부정적인 것이 연상된다면 사람들은 이를 에둘러 말함으로써 부정적인 연상을 최소화하려 한다. 이처럼 부정적 연상을 누그러뜨리려고 에두르는 말을 '완곡어'라 한다. 일반적으로 직접 말하기 꺼려지는 병, 죽음, 성행위, 생리 현상 등을 가리키는 말들이 완곡어로 대체되지만, 음식, 제도, 직업 등을 가리키는 표현에서도 다양한 완곡어가 만들어진다.

완곡어는 부정적 연상을 최소화하려고 만든 말이기 때문에, 부드럽고 긍정적인 표현을 사용한다. '죽다'가 '돌아가시다'가 되고 '형무소'가 '교도소'가 되는 것처럼,. 그런데 간혹 부정적인 연상을 차단하기 위해 일부러 낯설고 어려운 표현을 만들어 쓸 때도 있다. 정확한 소통보다 부적절한 편견을 막는 게 더 절실할 때가 있기 때문이다. '간질(癎疾)'을 '뇌전증(腦電症)'으로, '나병'을 '한

센병'으로, '정신분열증'을 '조현병(調絃病)'으로 바꾼 것처럼.

그런데 말이 바뀐다고 부정적 느낌마저 사라지는 건 아니다. 애초의 부정적 인식이 완곡어로 이어지기 때문이다. '감옥'이 '형무소'로 바뀌고 '형무소'가 '교도소'로 바뀌었지만 '감옥'에 대한 부정적 인식은 '형무소'에 이어 '교도소'로 옮겨가고, '청소부'를 '환경미화원'으로 바꾼 게 엊그제 같지만 '환경미화원'은 금세 드러내놓고 말하기를 꺼리는 직업명이 되어 버렸듯이 말이다. 최근엔 '환경미화원'을 '공적인 업무를 수행하는 사람'이란 뜻의 '공무관' 또는 '환경공무관'으로 바꿔 부르기도 한다. 그 역할을 구체적으로 표시하지 않음으로써 부정적 연상을 차단하려 한 것이다.

그러니 대상 자체에 대한 부정적 인식을 없앨 수 있는 환경이 만들어지지 않는 한, 우리는 계속해서 또 다른 완곡어를 만들 수밖에 없다. 중요한 건 말을 바꾸는 것이 아니라 세상을 바꾸는 것이다.

▷ 개장국과 육개장(22쪽)

웃프다

조용필의 노래 〈그 겨울의 찻집〉을 들어 본 사람이라면 그 제목을 기억하진 못해도 "웃고 있어도 눈물이 난다"란 노랫말은 기억할 것이다. '웃다'와 '눈물이 나다'를 병치하여 또 다른 차원의 슬픔을 표현한 이 노랫말은, 닥친 현실에 초연하려 하지만 그 현실을 벗어날 수 없는 사람의 마음을 잘 보여준다.

언제부터인가 심심치 않게 듣는 말이 '웃프다'이다. "그들의 사연은 하나같이 웃펐다"나 "이 드라마는 직장인들의 웃픈 현실을 잘 그렸다"와 같이 쓰인다. '웃다'의 '웃-'과 '슬프다'의 '-프-'를 조합하여 만든 낱말로, 그 뜻은 '웃기면서 슬프다'인데 의미구조상 '슬프다'에 방점이 찍힌다.

그런데 '웃프다'로 표현하는 '웃픈 현실'은 대개 어이없으면서 한심한, 황당하면서 괴로운 현실이다. 우리는 이런 현실을 냉소적으로 보려 하지만, 이 '웃픈' 현실이 벗어날 수 없는 현실임을 느끼기에 '웃픈 감정'은 결국 아픔으로 남는다. 그래서 '웃픈' 현실은 '비웃음, 쓴웃음, 코웃음이 나오는' 현실과는 다르다.

모순적인 말을 병치하여 새말을 만드는 것은 세상사를 하나의 감정 혹은 하나의 기준으로만 느끼고 판단할 수 없기 때문일 것이다. 최근에 들은 말 중에 '착하면서 나쁘다'는 뜻의 '착쁘다'가 있다. 드물지만 블로그나 웹툰 등에서 '착쁜 사람', '착쁜 생각', '착쁜 놈' 등으로 쓰인다. '웃프다'에서 착안하여 만든 말로 보이는데, 말맛은 '웃프다'에 미치지 못하고 사용 빈도도 낮다.

현재 '웃프다'는 '우리말샘'에 새말로 등록되어 있지만, '착쁘다'는 등록되어 있지 않다. 웃픈 일과 웃픈 사연을 매일매일 겪고 듣는 사이에 '웃프다'가 먼저 우리말 어휘의 하나로 자리 잡은 것이다. 새말은 끊임없이 만들어지지만 우리의 삶과 밀착되어 쓰이는 말만이 살아남는다. '착쁘다'의 생존 가능성을 낮게 보는 건 이 때문이다.

잉여롭다

"이번 드라마 촬영이 끝나고 잠만 잤다. 굉장히 즐겁고 잉여롭다."

어느 배우가 인터뷰에서 한 말이다. 여기에선 '잉여롭다'가 특별히 눈에 띄는데, 이 새말은 문맥상 '여유롭다'로 읽힌다. 그런데 '쓰고 난 나머지'란 뜻의 '잉여(剩餘)'가 '그것의 속성이 충분히 있음'의 뜻을 더하는 '-롭다'와 어울리는 건 어색하다. '명예롭다, 슬기롭다, 평화롭다, 새롭다…' 등을 보면 어색함의 이유가 어느 정도 짐작된다. 그렇다면 '잉여롭다'란 표현은 '여유'와 '잉여'를 혼동한 결과라 할 수도 있다.

그러나 "불러주는 데는 없고 집에서 게임이나 하면서 잉여롭게 지낸다"라는 한 청년의 말에 나온 '잉여롭다'는 '여유로움'이 아닌 '막막함'으로 읽힌다. 그 말엔 스스로를 '잉여인간', 즉 '세상에 꼭 필요하지 않은 남아도는 사람'으로 보는 자괴감이 담겼다. "너 아니어도 이 일을 할 사람은 많다"라는 말을 귀에 못이 박히도록 들은 이들에겐 '여유'가 곧 '소외'와 '배제'일 수도 있을 터. 이처럼 언어의 질서와 현실의 삶이 괴리될 때 문법을 거스른 새말이 출현한다. 장덕진 교수의 칼럼에서 '잉여롭다'의 출현 맥락을 짐작해 볼 수 있다.

"지금의 20~30대에게 '잉여'는 정체성의 자연스런 한 부분이다. (중략) 우리가 만들어놓은 세상에 들어가지 못하고 남아도는 그들에게, 한가로운 것과 일하고 싶어도 아무도 시켜주지 않는 조바심 사이의 경계선은 촘촘하다. 그래서 그들은 한없이 '잉여롭다'."(《한겨레》, 2012.6.24.)

일인당 국민소득 3만 달러 시대가 도래했다고 한다. 이제 우리들 모두 그 소득을 체감할 수 있기를, 그래서 '잉여롭다'의 쓰임이 잦아들고 '여유롭다'의 쓰임이 더 많아지길….

'-롭다'와 '-스럽다'

'-롭다'와 '-스럽다'는 명사 어근 뒤에 붙어, '그러함' 또는 '그럴 만함'의 뜻을 더하는 접미사다. '-롭다'가 모음으로 끝나는 명사 어근 뒤에만 붙는 데 주목하면, '-스럽다'가 자음으로 끝나는 명사 어근 뒤에 붙는 예들이 눈에 띄겠지만, '-롭다'와 '-스럽다'가 붙어 파생되는 낱말이 규칙적으로 이러한 분포 양상을 보이는 것은 아니다.

(평화로운 / 평화스러운) 분위기
(명예로운 / 명예스러운) 전통
(슬기로운 / ᵛ슬기스러운) 선택
(ᵛ죄로운 / 죄스러운) 마음
(ᵛ사랑로운 / 사랑스러운) 아이

'평화'와 '명예'는 모음으로 끝나는 어근임에도 '-롭다'와 '-스럽다'가 모두 붙는다. 더구나 '죄'는 모음으로 끝나는데도 '-롭다'가 붙지 못한다. 다만 '-롭다'가 자음으로 끝나는 명사 뒤에 쓰이지 않는 것을 보면 '-스럽다'의 분포가 더 넓음을 알 수 있을 뿐이다.

음운 조건에 따른 분포가 규칙적이지 않으면, 어근의 의미적 특성을 분석하여 '-롭다'와 '-스럽다'의 결합 규칙을 세워볼 수도 있을 터. 그러나 '사람 관련 명사'와 '-롭다'가 결합할 수 없다는 점을 제외하고는 '-롭다'와 '-스럽다'의 결합 가능성을 어근의 의미적 특성과 관련지어 구분하는 것은 쉽지 않은 일이다. 단어 형성 과정에는 규칙성과 우연성이 공존하기 때문이다.

그러나 새말을 만들 때는 '-롭다'와 '-스럽다'의 선택을 최대한 규칙화하려 하는 경향을 보인다. '메롱스럽다'처럼 자음으로 끝나는 어근 뒤에는 '-스럽다'를, '잉여롭다'처럼 모음으로 끝나는 어근 뒤에는 '-롭다'를, '초딩스럽다'나 '검사스럽다'처럼 사람 관련 명사 어근 뒤에는 '-스럽다'를 선택하는 것이다.

종이책과 식빵

'책(冊)'은 "어떤 생각이나 사실을 글이나 그림 따위로 나타낸 종이를 겹쳐서 한데 꿰맨 물건"(《고려대한국어대사전》)이다. 사전의 정의가 이렇게 분명한 이상, '종이책'이란 말을 쓸 여지는 없다. '책'의 속성인 '종이'로 '책'을 꾸미는 구조의 '종이책'은 결국 '종이를 겹쳐서 한데 꿰맨 물건'을 뜻하는 말일 테니.

1980년대 중반 시디롬으로 된 백과사전이 나오면서 '책'의 속성에 대한 인식에 균열이 생겼다. '전자책'이란 말이 등장한 것이다. 그런데 '전자책'이란 말이 널리 쓰이게 된 상황에서도 '종이책'이란 말은 쉽게 만날 수 없었다. 머릿속에 자리 잡은 '책'의 원형은 여전히 '종이를 겹쳐서 한데 꿰매는 물건'이었으니, 그 변종인 '전자책'에 대응하는 말은 '책'으로 족했던 것이다. '종이책'이란 말이 등장한 건, '전자책'이 백과사전에서 단행본으로 영역을 넓히면서부터다. ‘책’을 ‘종이를 겹쳐서 한데 꿰맨 물건’으로 정의할 수 없게 되면서, ‘종이책’을 ‘전자책’에 대응하는 ‘책’의 한 형식으로 취급하게 된 것이다.

“‘빵’은 먹으려고 만든 것인데 왜 굳이 ‘식빵(食-)’이란 말을 쓰는지 모르겠다”는 질문을 받은 적이 있다. ‘식빵’이란 말이 자리 잡은 과정은 ‘종이책’이란 말이 자리 잡는 과정과 유사하다. ‘전자책’이 등장하면서 ‘종이책’이란 말이 만들어진 과정에 비춰보면, ‘식빵’은 ‘빵’이 다양해지는 상황에서 ‘주식용 빵’을 가리키기 위해 만들어진 말로 볼 수 있는 것이다. ‘식빵’이란 말이 일반화되면서, 한때는 ‘빵’ 그 자체였을 ‘식빵’은 어느 순간 ‘단팥빵’, ‘곰보빵’ 등과 더불어 ‘빵’의 한 종류가 되었다.

구별하여 지시할 필요가 있을 때마다 낱말은 진화를 거듭한다.

줄임말

'밀당'은 '밀다'의 '밀'과 '당기다'의 '당'을 결합한 말이다. 요즘 새말을 만드는 주요 방식이 이렇다. '깜짝'과 '놀라다'에서 한 글자씩 따서 '깜놀'을 만드는가 하면, '혼자'와 '놀이'에서 '혼놀'을 만들어 내기도 한다. 이런 줄임말을 처음 접하는 사람은 당혹스러울 수밖에 없다. '당기다', '깜짝', '혼자'에서 따로 떼어낸 '당', '깜', '혼'은 아무 뜻도 없는 말이니, 당연히 이것을 어근으로 한 낱말의 뜻도 짐작할 수 없는 것이다. 당혹감이 크면 이런 줄임말에 대한 거부감도 커지기 마련이다.

그런데 '밀당'과 '깜놀'에 거부감을 갖는 이들도 '전국 경제인 연합회'와 '경제 협력'에서 글자를 딴 '전경련'과 '경협'은 자연스럽게 받아들인다. 같은 줄임말에 반응이 다른 이유는 뭘까? 그럴듯한 설명은 '한자는 글자마다 뜻이 있어 한자어 줄임말은 자연스럽다'는 것이다. 그러나 '전경련(全經聯)'을 처음 접한 사람이 이 말에서 '전국 경제인 연합회'를 유추하는 건 '밀당'에서 '밀고 당기다'를 유추하는 것만큼 어렵다. 결국 당혹감은 생소함에서 비롯했다고 볼 수 있다. '쫄깃'에서 떼어낸 순간 뜻을 잃었을 '쫄'을 '면(麵)'과 결합하여 만든 '쫄면'이나 '아껴 쓰고 나눠 쓰고 바꿔 쓰고 다시 쓰자'는 뜻의 '아나바다'는 오래된 만큼 자연스럽지 않은가.

한때 우리를 당혹스럽게 했지만 이제는 우리말에 정착한 것으로 볼 수 있는 줄임말이 제법 있다. '얼굴'과 '짱'에서 나온 '얼짱', '혼자'와 '밥'에서 나온 '혼밥', '심장'과 '쿵'에서 나온 '심쿵' 등이 그렇다. 이러한 줄임말 만들기에서 고유어의 영향력이 커지는 건 반가운 일이다. 줄임말에 너그러울 수 있는 이유다.

▷ 순삭하다(57쪽)

준말과 줄임말(약어)

'준말'은 '본말'의 모음이 축약되거나 탈락되며 만들어진다. 모음 축약의 예로는 '사이 / 새'와 '보이다 / 뵈다'를 들 수 있으며, 모음 탈락의 예로는 '노을 / 놀'과 '그러하다 / 그렇다'를 들 수 있다. 이때 '본말'과 '준말'의 관계는 모음 축약과 탈락처럼 음운론적 차원에서 설명할 수 있다.

음운 현상과 관계없이 언어의 경제성 원리에 따라 짧게 말하고 동일한 효과를 얻으려는 언어적 관습의 결과로 만들어지는 것을 '준말'과 구분하여 '줄임말' 또는 '약어(略語)'라 한다. '줄임말'의 예로는 '다이아몬드'를 줄인 '다이아', '강철판'을 줄인 '강판', '시중 판매'를 줄인 '시판' 등을 들 수 있다.

짤방과 짜르다

'잘림 방지'라는 뜻의 '짤방'이란 말이 있다. '사람들의 이목을 집중시키기 위해 인터넷상에 올리는 재미있는 사진이나 그림, 동영상 따위'를 이르는 말이다. 사진 없이 글만 올렸을 때 글이 삭제되는 것을 방지하기 위해 사진을 함께 올린 것에서 유래한 말로 알려졌다. 요즘 수없이 만들어지는 줄임말 중 하나지만, '잘림 방지'가 '짤림 방지'로 바뀐 뒤 '짤방'이 만들어진 과정은 특이하다. 더구나 '짤방'을 줄여 '짤'이라고도 한다.

이 말의 기원을 생각하면 '잘방'이란 형태가 간혹 쓰일 법한데 그런 쓰임은 찾기 어렵다. 오로지 '짤방'이다. 그러니 이 말은 처음부터 '짤림 방지'를 줄인 말이라 해야 할 것이다.

"내가 올린 제안서는 위에서 자꾸 짤려."

"힘없는 비정규직이라지만 그렇게 사람을 함부로 짜르면 안 되지."

'잘리다'와 '자르다'가 표준어라는 걸 아는 사람도 습관적으로 이렇게 말한다. 그런데 위에서처럼 '짤리다'를 습관적으로 쓰는 사람이라도, '짤리다'가 아닌 '잘리다'에 기울어질 때가 있다. "아름드리 나무가 잘려 나간 자리에 새순이 돋았다"나 "머리를 자르고 나니까 깔끔하게 보이네"에서처럼 말이다. 사람들은 '자르다'와 '짜르다'의 어감적 차이를 느끼고 이 느낌에 따라 말하는 것이다. 자르는 것처럼 매정할 수 있는 행위에 감정의 진폭이 없을 수 있겠는가!

그런데 국어사전에서는 '짜르다'를 '자르다'의 잘못으로 설명한다. 국어사전의 설명대로라면 어감적 차이를 활용할 여지가 없다. 물론 별다른 이유 없이 어두음을 된소리로 발음하는 경우는 표준어로 인정하지 않는다. 그러나 이유 있는 된소리는 그렇지 않다. '달랑달랑'이 있지만 '딸랑딸랑'도 인정하며, '비뚤비뚤'도 있지만 '삐뚤삐뚤'도 인정한다. '삐뚤삐뚤'이나 '짜르다'나 어감의 차이를 드러내려 쓴 말일 텐데 대접은 다르다. '짜르다'에 대한 《조선말대사전》의 풀이는 "'자르다'를 힘주어 이르는 말"이다. 그 풀이를 참고함직하다.

▷ 줄임말(79쪽) ▷ 졸다, 줄다, 쫄다(326쪽)

충蟲

전통적으로 우리말에서 '충(蟲, 벌레)'이 사람을 가리키는 말에 쓰인 예는 드물었다. 굳이 찾자면 '식충(食蟲)', '식충이' 정도가 있을 뿐이었다. 그런데 최근에는 '충(蟲)'이 포함된 말이 급증하면서 '충'은 새말을 만드는 주요 성분이 된 듯하다. 사람과 관련된 어떤 말에 갖다 붙여도 새로운 말을 만들어내니, 명사로 취급되던 '충(蟲)'은 이제 접미사적 용법으로 더 친숙해졌다.

'식충'과 '식충이' 정도의 합성어에 머물던 '충(蟲)'이 새로운 낱말을 만드는 데 동원되기 시작한 것은 21세기 들어서인 듯하다. 생각이 없는 사람을 비난하는 말로 '무뇌충(無腦蟲)'이 쓰이는 듯하더니, 어느새 '진지한 사람'과 '설명을 하는 사람'까지 비난의 범위를 넓혀 '진지충'과 '설명충'을 만들더니, 줄임말에 붙어 '한남충(한국 남자 충)'을 만들기에 이르렀다. 그러니 '충'은 붙지 못할 말이 없을 만큼 생산성이 높은 접미사로 자리를 잡았다고 해야 할 것이다. 그런데 문제는 '충'을 포함하는 말이 모두 비하와 혐오의 표현인 데다가, 강자를 조롱하는 풍자의 의미를 띠지 못하고, 노인, 여성, 아동, 소수자 등 약자를 비하하고 혐오하는 데에만 활용된다는 데 있다. 무한정 확장하던 '충'은 급기야 '어머니'와 '아버지'를 가리키는 말에까지 파고들었다. '충'이 '맘충'과 '애비충'을 만드는 데까지 개입하면서, '충'을 붙이지 못할 금단의 영역마저 없어져 버렸다. 비하와 혐오의 경계가 없어진 사회에서, 우리가 인간의 존엄을 지키며 살 수 있을까?

▷ '엄마'를 가리키는 말(61쪽)

콧방울과 꽃망울

"그는 (콧망울/ 콧방울)을 벌름거리며 웃었다."

이 문장에서 괄호 안에 들어갈 말은? 답은 '콧방울'이다. '콧방울'은 '코끝 양쪽으로 둥글게 방울처럼 내민 부분'을 이르는 말이다. 사전의 뜻풀이를 볼 때 '콧방울'의 기원은 분명하다. 코의 특정 부위가 방울처럼 생겨서 '콧방울'이라 한 것이니, '콧방울'은 한 영역(코의 부위)을 다른 영역(방울)의 관점에서 표현한 말이다. 이런 표현 방식은 '눈두덩', '콧마루', '입꼬리', '귓바퀴' 등에서도 확인할 수 있다. 그런데 '콧방울'을 '콧망울'로 쓰는 경우가 의외로 많다. 기원이 분명한데도 이런 혼선이 발생하는 건 왜일까? 그 이유를 알려면 '망울'이 포함된 낱말을 살펴볼 필요가 있다.

'눈망울'은 눈알 앞쪽의 두두룩한 곳을, '잎망울'은 잎눈이 부풀어서 곧 피어날 듯한 잎을, '꽃망울'은 아직 피지 아니한 어린 꽃봉오리를 뜻하는데, 여기에 포함된 '망울'은 '동그랗게 뭉쳐져 두두룩하고 부푼' 모양을 나타낸다. '망울'의 뜻이 이러하니 경우에 따라 '방울'로 나타내는 모양을 '망울'로 나타내는 모양과 유사하게 느낄 수도 있겠다. '콧방울'을 '콧망울'로 쓰거나, '꽃망울' 혹은 '꽃봉오리'를 '꽃방울'로 쓰는 것이 바로 그런 인식에서 비롯한 것이다.

규범의 차원에서 보면, '콧방울'이 아닌 '콧망울'을 쓰고 '꽃망울'이 아닌 '꽃방울'을 쓰는 것은 표기를 틀리게 한 것이거나 비표준어를 쓴 것일 뿐이다. 그러나 분명한 건 '콧망울'을 쓰는 사람들도 '망울'을 근거로 그것이 가리키는 부위(콧방울)를 떠올린다는 사실이다. '콧방울'이 규범이 된 것은 단지 '방울'을 근거로 해당 부위를 연상하는 사람이 많기 때문이다.

세력이 약한 말은 틀린 말이 되기 쉽다.

핵核

'핵(核)'이란 낱말은 일상어로서는 '사물이나 현상의 중심'을 뜻하지만, 과학 및 군사 용어로서는 '원자의 중심부를 이루는 입자'나 '핵무기'를 뜻한다. 그런데 과학 지식이 대중화되어서 그런지 일상어로서의 '핵'보다 과학 및 군사 용어의 뜻을 지닌 '핵'을 사용하는 일이 더 많은 듯하다.

'원자의 중심에 있는 입자'라는 뜻의 '핵'과 '가족'이 결합한 '핵가족'은 '부부와 미혼의 자녀만으로 이루어진 가족'을 뜻한다. '핵가족'은 핵심 구성 요소만 갖춘 따라서 더 이상 쪼갤 수 없는 최소의 가족이라는 뜻을 명료하게 나타낼 수 있기에 개념상 불명료한 '소(小)가족'을 대체하게 되었다.

'핵무기'라는 뜻의 '핵'과 '주먹'이 결합한 '핵주먹'은 '가공할 만한 위력의 주먹'을 뜻한다. '핵무기'보다 더 강력한 무기가 없다는 점에서 '핵'은 가공할 만한 위력을 비유하기에 가장 적절한 말일 듯하다. 그런데 그 비유가 공포를 불러일으켜서인지 '핵주먹'은 널리 쓰이는 말인데도 국어사전에 실리지 않았다.

요즘은 '재미'를 줄인 '잼'에 '핵'을 덧붙인 '핵잼'이란 새말이 널리 쓰인다. '핵잼'에 쓰인 '핵'이 '핵무기'를 뜻하는 것임은 분명한데도 이 말은 '무척 재미가 있음'이란 뜻으로 쓰인다. 더구나 '핵잼'에 대응하는 '핵노잼(核no잼)'까지 있다. 이를 보면 '핵잼'과 비슷한 뜻의 새말인 '꿀잼'을 떠올릴 수 있다. 그런데 '핵꿀잼'이란 말도 쓰이는 걸 보면 '핵'은 '무척'을 강조하는 말로 덧붙은 것임을 알 수 있다. 이러한 쓰임은 '핵'의 위력을 넘어서는 것이 없는 현실을 반영한 것이라 해야 할까? 아니면 '핵'이 '재미'를 꾸밀 만큼 '핵'이 일상화된 현실을 반영한 것이라 해야 할까?

혼밥과 혼술

혼자 밥을 먹거나 술을 먹는 것은 그리 자연스러운 일이 아니지만, 일인 가구가 늘어나면서 혹은 집단 문화가 퇴색하면서 이런 일이 점점 느는 게 현실이다. '혼밥'과 '혼술'은 이런 현실을 반영한 새말이다.

그런데 '혼자서 하는 말'은 '혼잣말'이라 하고, '혼자서만 일을 하거나 살림을 꾸려가는 처지'는 '혼잣손'이라고 한다. 또한 '혼자'의 의미로 쓰일 수 있는 접두사로 '홀-'이 있다. 배우자나 형제가 없는 사람을 가리키는 '홀몸'이란 말이 있고, 배우자를 잃은 사람을 가리키는 '홀아비'와 '홀어미'란 말도 있다.

이런 예를 보면 '혼밥'이나 '혼술'은 '혼잣밥'이나 '혼잣술'에서 비롯한 것이라고 생각할 수 있다. 그렇다면 어떤 이유로 '혼잣밥'과 '혼잣술' 대신 굳이 '혼밥'과 '혼술'을 만들어 쓰게 되었을까?

또 '홀밥'과 '홀술'이란 말은 왜 만들어지지 않았을까?

'혼잣술'이나 '혼잣밥'이 밥은 함께 먹는 것이라는 생각이 당연하던 시절부터 쓰인 말이라면, 이 말에는 혼자 술과 밥을 먹어야 하는 처지에서 오는 외로움과 슬픔이 오롯이 담겼을 것이다. 그런데 '혼밥'과 '혼술'은 혼자 밥과 술을 먹는 일이 자주 발생하는 세태를 반영하여 만든 새말이다. 낱말의 형태를 바꿔 '혼잣밥'과 '혼잣술'에 배어 있는 외로움과 슬픔을 걷어낸 것이다. 그러면 '홀밥'과 '홀술'은 왜 만들어지지 않았을까? '홀아비, 홀어미, 홀씨…'에 답이 있다. '홀-'에는 '짝을 갖추지 못한'이란 뜻이 있으니 밥과 술에는 어울리지 않는 것이다.

'혼밥'과 '혼술'이 정착했으니 혼자 하는 어떤 것을 표현하는 새말은 늘어날 것이다. '혼자 하는 놀이'인 '혼놀'도 그런 예다. 그런데 '혼놀이'가 아닌 '혼놀'이다. '혼밥'과 글자 수를 맞추려는 뜻도 읽힌다.

흙밥과 흙수저

"굶고 때우고 견디는 청년 '흙밥' 보고서"
"청년들이 생각하는 지속 가능한 '흙밥' 탈출구는 정규직 취업이다."

청년 빈곤 문제를 다룬 한 시사 주간지에 나온 문구다. 여기에서 '흙밥'은 '절대적 빈곤'과 그로부터 비롯한 '부실한 식사'를 뜻한다.

나는 '흙밥'이란 말을 접하며 어린 시절 소꿉장난하며 먹는 시늉하던 '흙으로 만든 밥'을 먼저 떠올렸다. 모양만 밥이되 먹을 수 없는 밥을 가리켰던 '흙밥'이 실제 밥을 가리키는 말로 재탄생한 현실을 개탄하면서. 그런데 '흙밥'의 재탄생으로 '밥'의 사회적 본질은 보다 분명해진 듯하다. '형편없는 밥'을 '흙밥'이라 표현함으로써, '밥'은 연명하기 위해 먹는 것만이 아니라 인간의 존엄을 지키기 위해 먹는 것임을 강조할 수 있으니 말이다. 인간의 존엄을 위협하는 '형편없는 밥'은 밥일 수 없는 것이다.

'흙밥'의 쓰임을 보면 이 말은 이미 널리 쓰이고 있는 '흙수저'와 짝을 이루는 것으로 보인다. '흙수저'는 '금수저'에 대비하여 빈곤한 사람을 비유적으로 나타내는 말이다. '흙밥'을 먹는 사람이 곧 '흙수저'인 것이다. '흙수저'를 처음 접한 사람들은 '흙수저'의 원뜻을 '금으로 만든 수저'에 대비하여 '흙으로 만든 수저'라 생각한다. '금'과 '흙'의 대비가 어색하지만 이를 차원을 달리하는 그래서 따라잡을 수 없는 격차를 표현한 것으로 이해하는 것이다.

'흙'이 이처럼 빈곤을 나타내는 낱말을 구성하는 데 쓰이는 건 새로운 경향이다. 앞으로 '흙밥'이 '흙수저'만큼 널리 쓰이고 이런 부류의 낱말들이 더 만들어지면, '흙'이란 말에서 '형편없는, 볼품없는, 빈약한' 등의 의미를 먼저 연상하는 것이 자연스러워질 것이다. 이런 흐름을 나타내듯 최근엔 '흙밥'에서 파생된 '흙끼니'와 '철밥통'에 대비되는 '흙밥통'이 쓰이기도 한다.

②

그 말은 어디에서 비롯한 것일까?

말의 기원

인간은 끊임없이 뭔가를 알려고 한다. 이런 호기심은 주변에서 일어나는 사태를 좀 더 깊이 이해하기 위한 본능적 심리작용이다. 사태의 자초지종을 알아야 현명한 대응을 할 수 있으니까. 말의 기원을 알고자 하는 욕구도 이런 호기심의 일종이다. 무심코 쓰던 낱말이 어디에서 비롯되었는지 불현듯 궁금해질 때는 언제일까. 그 낱말로 뭔가 의미 있는 메시지를 던지려 할 때이거나, 그 낱말이 나타내는 상황을 특별히 설명할 필요가 있을 때일 것이다.

어떤 말이 유독 불편했던 이가 그 말이 일본식 표현에서 비롯된 것임을 알게 되었다. 아마 불편했던 감정은 그 말을 없애야 한다는 주장으로 변할 수도 있을 것이다. 어떤 말이 어떤 사물을 가리키던 옛말에서 유래함을 알게 되었다. 사물의 모양이나 기능과 관련지으면서 이 말이 나타내는 상황을 참신하게 설명할 수도 있을 것이다. 그뿐이랴. 부정적으로 생각했던 말이 좋은 뜻의 말에서 기원했음을 알면서 오해가 풀릴 수도 있고, 거리낌 없이 썼던 말이 부정적인 뜻의 말에서 기원했음을 알면서는 그 말을 쓰는 데 주저할 수도 있을 것이다.

그러나 말의 기원을 아는 일의 진정한 의미는 그 말에 더해진 세월의 흔적을 확인하면서 그 말이 쓰이게 된 역사적 맥락과 그 말을 쓰고 있는 현재의 맥락을 새롭게 이해하는 것이다. 2부에서 말하고자 하는 것은 결국 말의 족보가 아니라, 언어와 언어 그리고 과거와 현재의 상호작용, 그리고 그 상호작용을 실행했던 우리들의 마음속에 새겨진 경험의 흔적이다.

간발의 차이

"간발의 차이로 열차를 놓쳤다."

이 문장에서 '간발'은 무슨 뜻일까? 출근길에 열차를 놓친 황망한 상황에서 문득 이 낱말의 뜻이 궁금해졌다는 친구의 이야기를 들었다. 조금만 빨리 달렸으면 열차를 탈 수 있었던 친구는 '간발'을 '한 발짝'의 뜻으로 생각했다고 한다. '간발'을 '간(間)발'로 분석하여 그 뜻을 유추한 것이다. 물론 국어사전을 찾아보면 '간발'은 '間髮'을 원어로 하는 한자어로 '아주 잠시 또는 아주 적음의 뜻을 나타내는 말'로 풀이되어 있다. '터럭이 들어갈 정도의 틈'이라는 원 뜻을 비유적으로 확장한 낱말인 것이다.

그렇지만 '간발'을 듣고 '한 발짝'을 떠올린 친구도 '간발'이 포함된 대부분의 문장을 무리 없이 이해할 것이다. '간발'에서 '한 발짝'을 떠올려도 문장을 이해하는 데 큰 문제가 없는 것은 '간발'이 주로 '간발의 차이'란 관용표현에서 쓰이기 때문이다. 아슬아슬한 상황을 비유적으로 표현한 말이기에 '한 발짝의 차이'로 이해하든 '터럭이 들어갈 틈의 차이'로 이해하든 큰 문제가 없는 것이다. 이처럼 모로 가도 서울은 갈 수 있으니, '간발'을 한자와 더불어 쓰지 않는 상황에서 이런 유추는 더 빈번해지고 그게 상식으로 굳어질 수도 있겠다.

'간발'은 '간불용발(間不容髮)'이란 전통적인 사자성어에서 나온 말이다. "현재 국가의 존망은 간발(間髮)을 불용(不容)한다"(《동아일보》, 1932.2.19.)는 문장은 '간발'이 '간불용발'에서 분리되어 나온 말임을 보여준다. 사자성어의 틀을 벗어난 '간발'은 '간발의 여유', '간발의 틈', '간발을 두다' 등처럼 쓰였다. '간발의 차이'도 그렇게 나온 표현인데, 이는 '間一髪の差'라는 일본어 표현에서 비롯한 것으로 보인다.

개거품과 깨방정

"내 제안에 김 과장은 (개거품 / 게거품)을 물고 반대했다."

이 문장에서 괄호 안에 들어갈 말은? '게거품'이다. '게거품'은 게가 토하는 거품을 말한다. 게는 갑자기 환경이 바뀌거나 위험에 처했을 때는 입에서 뽀글뽀글 거품을 뿜어낸다. 그런데 사람이 몹시 흥분하여 말할 때 입에서 나오는 거품 같은 침도 이와 비슷하기 때문에, '게거품'은 '물다'와 어울려 몹시 흥분하며 말하는 사람을 묘사할 때 사용되기도 한다.

'게거품을 물다'가 흥분한 사람을 묘사하는 관용표현인 만큼, 이는 주로 '싸우다, 대들다, 덤비다' 등의 낱말들과 함께 쓰인다. 많은 사람들이 '게거품'을 '개거품'으로 쓰는 것은 이 말을 쓰는 상황을 먼저 생각하기 때문인 듯. 흥분한 상황은 이성적 대응이 어려운 상황일 테니, 비이성적인 사람을 비유하는 데 쓰이던 '개'와 '흥분한 개의 입에서 나오는 거품'을 먼저 떠올리지 않았을까? 더구나 '게'와 '개'의 발음은 구분하기도 어렵다. 그러니 말맛을 우선하여 말하다 보면 '개거품을 물다'의 사용빈도는 높아질 수밖에 없다.

"그는 선생님 앞에서 (깨방정 / 개방정)을 떨다가 혼쭐이 났다."

이 문장에서 괄호 안에 들어갈 말은? '개방정'이 맞다. '방정'이 '진중하지 못하고 경망스럽게 하는 말이나 행동'이라는 점을 감안하면, '개방정'은 '그런 행동의 정도가 심함'을 나타내는 말이라 할 수 있다. '개방정'의 '개'를 (부정적 뜻을 가지는 명사 앞에 붙어) '정도가 심한'의 뜻을 더하는 접두사로 볼 수 있는 것이다. '우리말샘'에서는 '개방정'을 "온갖 점잖지 못한 말이나 행동을 낮잡아 이르는 말"로 정의했다.

그러나 '개방정'을 맞는 말이라 하면서도, '깨방정'을 무시할 수 없는 게 현실. 이때 흥미로운 점은 '깨방정'이 '방정'의 정도가 심함을 나타낸다기보다는 '방정'을 익살맞게 표현하는 말로 쓰인다는 것이다. "그는 오락 프로그램에서 까불까불 깨방정으로 인기를 끌었다"나 "분위기를 바꿔보려고 어른들 앞에서 깨방정을 떨었다" 등에서의 '깨방정'이 그렇다. 《고려대한국어대사전》에서 '깨방정'을 올림말로 수록하면서, "진중하지 못하고 경망스럽게 하는 말이나 행동을 깨를 볶을 때 통통 튀는 모습에 빗대어 이르는 말"로 정의한 건 이러한 용법을 고려한 것이리라.

그렇다면 '개방정'과 '깨방정'은 아예 다른 낱말일까? 그러나 연상의 흐름을 감안하면 '깨방정'은 '개방정'에서 비롯되었다고 보는 게 합리적일 듯하다. 다만, '경망스러운 행동이 웃음을 유발하는 상황'을 표현할 일이 많아지면서, '개방정'의 변이형인 '깨방정'이 다른 어감의 말로 자리를 잡았을 것이다. '깨를 볶을 때 통통 튀는 모습'에서 '경망스러운 행동'을 연상한 후 '깨방정'이란 말을 만들었다기보다는 '깨방정'에서 '깨를 볶을 때 통통 튀는 모습'을 연상하면서 '깨방정'이 '개방정'과는 다른 어감의 말로 자리 잡았을 거라는 말.

관습적 연상이 말의 형태와 의미를 결정하기도 한다. 그러니 어쩌면 무의미한 일일 수도 있다. '개거품'을 굳이 '게거품'으로 바꾸라는 것이나, '깨방정'과 '개방정'의 맞고 틀림을 고민하는 것이나.

교감과 교육감

한 국회의원이 교육 현장에 남아있는 일본식 표현을 바로잡겠다며, 직책명을 변경하는 법률 개정안을 발의한 적이 있었다. 그가 변경 대상으로 지목한 것은 교감, 교육감 등 '감(監)'이 포함된 직책명. 이 명칭은 일본식 표현의 잔재일 뿐만 아니라, 의미가 모호하고 직책명으로서 위계성도 반영되지 않아 변경해야 한다는 것이다. 개정안에서는 '부교장', '교육청장' 등을 그 대안으로 제시했다고 한다.

그런데 문제는 '감'이 포함된 직책명을 일본식 표현으로 단정할 수 없다는 데 있다. 우리의 전통적인 관직명에 '감'이 포함된 사례(내감, 도감, 현감…)는 많기 때문. 더구나 '교감'은 근대 학교 교육이 시작되면서부터 사용된 직책명인 데다, '감'을 붙여 직책명을 만드는 전통까지 감안하면, 이를 선뜻 일본식 표현의 잔재라 말하기는 어렵다. 정부 수립 후부터 사용되었던 '교육감'의 경우는 더 말할 나위가 없다.

그렇다면 교육 행정 체계에서 '교감'과 '교육감'이란 직책명의 문제, 즉 의미가 모호하고 직책명으로서 위계성도 반영되지 않는다는 문제를 지적하면서, 발의자는 왜 굳이 이들이 일본식 표현의 잔재임을 강조했을까? 일제 잔재의 청산이라는 역사적 과업과 연결짓는 순간, 직책명을 개정하는 일의 정당성이 확보되는 효과를 노렸을 것이다. 그러니 사실을 따지는 건 부차적인 일일 수밖에.

익숙한 표현도 '일본식 표현의 잔재'라는 딱지가 붙으면 불온한 말이 된다. 그렇게 되면 그 말이 수용되고 자리 잡게 된 역사적 맥락을 살펴보는 일도, 그 말의 현재적 가치를 재검토하는 일도 무의미해져 버린다. 이처럼 '일본식 표현'을 대하는 우리의 언어 감정이 단호해지면, 그런 감정을 이용하려는 시도는 더 불순해지고 더 대범해진다.

구레나룻과 마름질

‘귀밑에서 턱까지 잇달아 난 수염’인 ‘구레나룻’은 ‘구레’와 ‘나룻’이 결합한 합성어다. 그런데 지금은 ‘구레’도 ‘나룻’도 쓰이지 않고, 오로지 그 말들이 결합한 ‘구레나룻’만 쓰인다.

‘구레나룻’은 17세기 문헌에서부터 나타나는데, 당시의 형태는 ‘구레나롯’이다. ‘구레나롯’은 ‘굴레(勒)‘를 뜻하는 ‘굴에(→구레)’와 ‘수염(鬚髥)’을 뜻하는 ‘날옺(→나롯)’이 결합한 말이다. 귀밑에서 턱까지 잇달아 난 수염을 ‘굴레’의 모양으로 묘사하여 말을 만든 것이리라. 이때 17세기부터 공존했던 ‘굴에, 구레, 굴레’는 현대어로 자연스럽게 이어지지만, ‘나롯’은 한자어 ‘수염’에 그 자리를 내어주고 사라져 버렸다. ‘굴레수염’이 ‘구레나룻’의 방언으로 쓰이는 데에서도 ‘수염’의 확산 정도를 짐작할 수 있다.

현대어에선 ‘구레나룻’의 변이형으로 ‘구렛나루’나 ‘구렛나룻’

이 쓰이기도 한다. 이는 '나룻'의 형태 의식이 없어진 데다가, '구레'와 '나룻'을 합성하는 과정에서 사이시옷이 들어간 것으로 생각하기 때문인 듯하다. 물론 이러한 변이형은 비표준어이지만, '구레나룻'을 [구렌나루]나 [구렌나룬]으로 발음하는 경향이 일반화되면 표준형이 바뀔지도 모를 일이다.

'옷감이나 재목 따위를 치수에 맞게 재거나 자르는 일'인 '마름질'은 동사 '마르다'의 명사형 '마름'에 행위를 뜻하는 접미사 '-질'이 붙어 만들어진 파생어다. 지금은 '재단(裁斷)하다'란 뜻의 '마르다'는 거의 쓰이지 않는다. "어머니는 저고리를 만들기 위해 조심스럽게 비단을 마르기 시작하셨다"란 국어사전의 용례가 낯선 것은 이 때문일 터. 이제 '마르다'는 '마르다'에서 파생한 '마름질'이나 '마름하다' 등에서만 그 흔적을 확인할 수 있는 말이 되었다.

이처럼 낱말은 사라지면서도 합성어나 파생어 속에 그 흔적을 남기곤 한다. 이 또한 어휘의 생존 방식 중 하나다.

금자탑金字塔

"금자탑을 번쩍이던 애급 문명."

이 문장에서 '금자탑'은 '피라미드'를 가리키는 말이다. '금자탑'을 '피라미드'의 대역어로 등재한 것은 로브샤이트(W. Lobscheid)의 《영화자전(英華字典)》(1866)이 처음인데, 이런 사실로 보아 이 말은 중국에서 만들어져 한국과 일본으로 전파된 것으로 보인다.

그런데 중국에서는 왜 '피라미드'라는 원어의 소리를 흉내 내지도 않고, 이전의 번역어 '첨판체(尖瓣體)'를 마다하고, 굳이 새로운 번역어 '금자탑'을 만들어 쓴 것일까? '피라미드'의 모양을 나타내면서도 인상적인 이름이 필요했기 때문일 터. 그러던 차에 피라미드의 모습이 한자 금(金)과 비슷하다는 사실을 누군가

새삼 깨달았을 것이고, 이런 맥락에서 금(金)자(字) 모양의 탑(塔)이라는 뜻의 '금자탑(金字塔)'이 탄생했을 것이다.

한국에서 이 말이 널리 쓰이기 시작한 때는 20세기 초로 짐작되는데, 1920년대 말까지 '금자탑'은 대부분 건축물 피라미드를 가리키는 말로 쓰였다. 그런데 1930년대에는 '금자탑'이 '후세에 남을 뛰어난 업적'을 비유하는 말로 쓰이는 빈도가 높아졌다. 대부분 "조선 여성 교육에 금자탑을 쌓아 오늘의 25주년을 맞음에…"나 "우리 문화사의 찬란한 금자탑인 한글을…"과 같은 문맥에서 '금자탑'이란 말을 쓰다 보니, '금자탑'이 '피라미드'의 번역어라는 사실은 점점 언중의 뇌리에서 희미해져 갔다. '금자탑'을 막연히 '찬란한 어떤 것'을 의미하는 말로 생각하게 된 것이다. '금자탑'의 뜻을 '금으로 만든 탑'으로 생각하는 것도 '찬란한'과 '금'의 어울림 때문인 듯하다. 이젠 '금자탑'을 〔금짜탑〕이 아니라 〔금자탑〕이라 읽는다. 원어에 대한 의식이 희미해지며 발음이 변했을 것이다.

원어原語와 어원語源

원어(原語)는 한자어, 일본어, 서구 외래어 등 언어의 출발점이 다른 외래 어휘의 본디 형태를 말한다. 국어사전에서는 이를 한글 표기가 아닌 한자 표기나 가나자 표기, 로마자 표기, 키릴 문자 표기, 아랍 문자 표기 등 본래 언어에서의 표기 형태로 밝히고 있다. 예를 들어 '택시'에 대응하는 'taxi', '국민'에 대응하는 '國民'이 원어이다.

어원(語源)은 고유어 혹은 고유어화한 외래어의 역사적 변천 과정에서 나타난 형태를 말한다. 예를 들어 '김치'의 역사적 변천은 '〈 짐츼〈 짐치〈 딤치〈 팀치〈 沈菜'으로 거슬러 올라가는데, 이때 확인되는 옛 형태가 '김치'의 '어원'이다. 어원 탐구에서 가장 기본적인 것은 최초형을 찾는 일이다. 최초형은 우리말 형태가 확인되는 가장 오래된 형태('팀치')를 가리키기도 하고, 우리말 형태가 아니더라도 해당 어휘가 존재했음을 확인할 수 있는 형태('沈菜')를 가리키기도 한다.

국어사전을 보면, '원어'는 표제어 바로 뒤에, '어원'은 뜻풀이와 용례, 참고 정보가 다 끝난 맨 뒤에 제시되어 있다.

기망欺罔과 기만欺瞞

"사람을 기망하여 재물의 교부를 받거나 재산상의 이익을 취득한 자는 10년 이하의 징역 또는 2천만 원 이하의 벌금에 처한다."

이 문장에서 '기망(欺罔)'은 '속임'이란 뜻이다. 그런데 이 낱말은 법과 관련한 영역 밖에서는 거의 쓸 일이 없다. 일상생활에서 '속임'의 뜻으로 사용하는 한자어는 '기만(欺瞞)'이다.

'기망'이 법률 용어로서 자리 잡게 된 건 일본의 영향 하에 우리의 근대법이 만들어진 것과 관련된다. 그런데 흥미로운 건 '기망'이 일본식 한자어가 아니라 이미 중세에도 썼던 한자어로, 출현 시기가 '기만'을 앞선다는 사실이다. 문세영의 《조선어사전》이나 《큰 사전》에서 '기망'과 '기만'을 동의어로 처리하되 '기망'에만 뜻풀이를 한 것은 이러한 역사성을 염두에 뒀기 때문일 것이다.

그런데 1930년대부터는 일상생활에서 '기망'의 쓰임이 현격히 줄어들었고, 해방 이후에 '기망'은 법률 용어를 제외하곤 거의 쓰이지 않았다. 국어사전 편찬자들은 이런 변화를 반영하여 두 낱말의 풀이를 조정해 왔다. 《큰 사전》 완간 1년 후에 나온 《한글 중사전》에서는 '기망'을 '기군망상(欺君罔上)'의 준말로만 풀이했다. '기망'에 현재적 의미를 부여하지 않은 것이다. 그리고 《표준국어대사전》에서는 '기망'과 '기만'을 동의어로 처리하면서 '기만'에서만 뜻풀이를 했다. 어휘 사용의 흐름이 '기만'으로 넘어간 현실을 반영한 것이다.

결국 '기망'은 지난 말을 되새기는 기능만을 할 것으로 보인다. 그런 낱말이 법률 분야에서만 폐쇄적으로 쓰인다는 건 부자연스러운 일일 터. 일찍이 행정 용어 순화 편람(1993.2.12.)에서는 '기망'을 대신할 순화어로 '속임'을 제시한 바 있다.

낙타와 밧줄

"낙타가 바늘구멍을 통과하는 것이 부자가 하늘나라에 들어가는 것보다 쉽다."

이 말은 마태복음 19장 24절과 마가복음 10장 25절에 나오는 말이다. 그러나 이 유명한 성경 구절은 사실 잘못 번역된 것이다. 번역자가 아랍어의 원어 'gamta(밧줄)'를 'gamla(낙타)'와 혼동했기 때문이다. 그러므로 "밧줄이 바늘구멍을 통과하는 것이 부자가 하늘나라에 들어가는 것보다 쉽다"가 되어야 한다.

잘못 번역된 성경이 한국어로 재번역되면서 오류가 반복된 것이다. 그런데 이 말은 너무 자주 쓰여서 일상생활에서 관용표현처럼 사용되었다. "취업은 정말 낙타가 바늘구멍 들어가기란 말인가?", "부모의 도움 없이 혼자 저축하여 집을 장만한다는 것은 낙타가 바늘구멍에 들어가는 것보다 어렵다" 등처럼.

그렇다면 성경의 번역이 틀린 것이기 때문에 위와 같은 관용어에 쓰인 '낙타'를 모두 '밧줄'이라고 바꿔야 할까? 오류가 최근의 것이라면 잘못을 바로잡는 것도 의미가 있을 것이다. 그러나 그 오류가 오래된 것이라면 사정이 달라진다. 관용어가 관습에 의해 만들어진 언어 형태라는 점에서 오류에 의해 만들어진 관습도 하나의 관습으로 인정할 수밖에 없기 때문이다. 성경의 번역을 바꿀 수는 있겠지만, 성경에서 유래한 관용어를 함께 바꿀 수는 없는 것이다. '낙타가 바늘구멍 통과하는 것'이나 '밧줄이 바늘구멍 통과하는 것'이나 모두 불가능한 일이기 때문에, 어떤 낱말을 선택하건 전달하고자 하는 뜻은 같다는 사실이 중요하다.

말은 결국 관습의 산물이다.

내일

'그제, 어제, 오늘, 내일, 모레' 이 말들은 '날'과 관련된 시간어이다. 그런데 재미있는 것은 다른 것은 모두 고유어인데, '내일(來日)'만이 한자어라는 사실이다. 유독 '내일'만 한자어로 대치되었다는 것이 납득하기 어렵다는 점에서, 많은 사람들은 우리말에는 원래 '내일'에 해당하는 말이 없었다고 생각해왔다. 이런 상황을 좀 더 악의적으로 해석하고 싶어했던 사람들은, '내일'에 해당하는 고유어가 없다는 건 곧 '내일'은 생각하지 않고 지금만을 즐기려는 민족성을 반영한 것이라 말하기도 했다.

'내일'이라는 어휘가 없다고 '내일'이라는 개념이 없을 수는 없겠지만, 언어와 정신을 관련시켜 탐구하는 어휘장 이론에서는 민족어와 민족정신의 관련성을 그 민족어의 어휘 체계에서 찾고자 했다. 그리고 우리 민족이 현실만을 중시하는 민족성을 갖고 있다고 말하고 싶은 사람들은 어휘장 이론의 명제를 과대 해석하여 자기 비하적인 발언의 근거로 삼았던 것이다.

그러나 12세기경 고려어에는 '내일'에 대응하는 고유어가 있었던 것으로 보인다. 그 근거는 《계림유사(鷄林類事)》*라는 책에 나온 "前日曰記載 昨日曰訖載** 今日曰烏捺 明日曰轄載 後日曰毋魯"라는 기록이다. 이는 한자어와 고려어를 대응시켜 기록한 자료로, 왈(曰) 뒤에 나오는 한자가 당시 고려어의 음을 기록한 것이다. 손목이 기록한 고려어는 현대 한자음으로 '기재, 글재, 오날, 할재, 모로' 등으로 읽히는데, 이는 오늘날 시간어인 '그제, 어제, 오늘, 내일, 모레'와 대응해 볼 수 있다. 이때 내일에 해당되는 '轄載'가 실제 어떻게 읽혔으며 왜 한자어 '내일(來日)'로 대체되었는지는 따져 봐야 할 문제이지만, 분명한 건 '내일'에 해당하는 고려어가 분명 존재했다는 사실이다.

'轄載'에 대한 설명은 학자마다 다양하게 이루어졌다. 이중 '轄載'의 발음을 '후제'로 보는 견해(강신항)는 할재(轄載)를 '다음에'의 의미로 사용되는 '후제'와 관련시켰다는 점에서 흥미롭다.

* 고려 시대의 풍습, 제도, 언어 따위를 소개한 책으로, 고려에 사신으로 왔던 중국 송나라의 손목(孫穆)이 지었다. 손목은 한자를 발음 기호처럼 사용하여 자신이 들은 고려어 어휘 356개를 기록했다.

** '昨日'은 '어제'를 뜻하므로 이 문구는 '어제'에 해당하는 고려어는 '訖載'라는 말이다. 그러나 15세기부터 나타나는 '어제'와 음이 다르다는 점에서 '訖'을 '於'나 '語'의 오자로 보기도 한다.

현재 국어사전에서 '후제'의 '후'를 '後'로 본 것은 고유어를 한자어로 유추해 해석한 결과라 할 수 있기 때문이다. 또 이처럼 의미 간섭에 의해 한자어로 유추되는 경향에 주목하여 '내일' 자체를 한자어 '명일(明日)'에 대응하는 고유어로 보는 견해도 있다.

참고문헌

강신항, 《계림유사 고려방언 연구》, 성균관대학교 출판부, 1990.

박영준, 시정곤, 정주리, 최경봉, 《우리말의 수수께끼》, 김영사, 2002.

노동과 근로

얼마 전 현행법상의 '근로(勤勞)' 표현을 '노동(勞動)'으로 바꾸는 근로기준법 개정안이 발의되었다. 발의자는 노동이 존중받는 사회로 가기 위해서는 '근로'에 밀린 '노동'이란 말부터 제자리를 잡아야 한다고 생각했을 것이다.

'노동'은 근대 초기 일본에서 'labor'의 번역어로 채택한 말로, 19세기 말부터 우리말에서 쓰이기 시작했다. 그 당시 '노동'과 '근로'의 쓰임을 보자.

"오늘은 졸지에 열두 시간에 무겁고 어려운 사무에 나아가는 노동은 불가하니…."(《독립신문》, 1899.9.27.)

"이민자는 노동에 종사할 목적으로 외국에 가는 자…."(《관보》, 1906.7.12.)

"이선득이가 본국에 와서 여러 해를 정부 상 일에 근로하였고 또 법규 교정하는 데 그 사람에게 후일을 바라는 것이 적지 않더니…."(《독립신문》, 1896.4.7.)

위의 기록을 보면 '노동'을 수용할 당시부터 이 말은 '근로'와 구분되어 쓰였음을 알 수 있다. '근로'는 '부지런히 일을 함'이라는 평가의 뜻이 담긴 반면, '노동'은 '육체나 정신의 힘을 써 일을 함'이라는 평가 중립적인 뜻으로 쓰인 것이다. 이런 차이로 인해 '일을 하는 행위'와 '일을 하는 사람'은 자연스럽게 '노동'과 '노동자'로 개념화되어 널리 쓰였다.

"지금 노동하는 동포 제씨들이 이같이 크게 분발함을 볼진대 장래 한국 노동자 중에 큰 영웅과 큰 인물과 큰 학문가가 날지며…."(《대한매일신보》, 1908.2.20.)

《큰 사전》에서는 전통적 용법에 따라 '노동'과 '근로'를 구분하고 '노동자'만을 올림말로 삼았다. 그런데 산업화 시기에는 공식적으로 '근로자'를 썼고 '노동자'의 사용빈도도 급격히 낮아졌다. 부지런히 일하는 사람만 필요한 시대에, '일하는 태도'가 아닌 '일' 자체를 의미화한 '노동'과 '노동자'는 불온한 말이었던 것이다.

닭도리탕

'닭도리탕'에서의 '도리'가 일본어 'とり(鳥)'가 아니라 우리말 '도리다(도려내다)'라는 주장이 있다. '닭도리탕'이 '닭고기를 토막쳐서 양념과 물을 넣고 끓인 음식'이니 언뜻 보면 아귀가 맞는 말인 듯하다. 그러나 이 주장은 잘못된 것이다.

우리말 조어법상 '닭을 도려내서 만든 탕'의 뜻으로 '닭도리탕'이란 낱말을 만들기는 어렵다. '볶음밥', '비빔밥', '곰탕', '북엇국', '갈비탕' 등을 보라. 조리법을 나타내는 동사(볶다, 비비다, 고다)에 명사형 어미(ㅁ,음) 붙이거나 재료 이름(북어, 갈비)을 써서 음식 이름을 만들었다. 우리말이라면 '닭도리탕'이 아닌 '닭도림탕'이든지 '닭(고기)탕'을 썼을 것이다. 이중 '닭탕'은《표준국어대사전》에도 수록되었다.

"닭탕-湯 〔북한어〕 잘게 토막 친 닭고기를 양념에 재웠다가 끓인 탕국. 국물은 고기가 절반쯤 익었을 때 두며 거의 익으면 당근, 파, 감자 따위를 더 넣고 양념을 한다."

사전에서는 '닭탕'을 북한어라 했지만, 이 말은 우리 신문에서도 꾸준히 검색되었던 말이니 남북한이 함께 쓴 말이라고 해야 할 것이다. 게다가 '닭탕'을 '도리탕'과 분명히 대응시킨 기사문도 있다.

"접시가 「사라」 젓가락이 「와리바시」 쟁반을 「오봉」 닭탕을 「도리탕」 차게(冷(냉))를 「히야시」 등 그리고 흔히 많이 쓰고 있는 바지를 「즈봉」 웃도리 또는 저고리를 「우와기」 등 — 열거하자면 한이 없다." (《동아일보》 1982.9.2.)

위 기사를 앞의 내용과 종합해 보면 일본어 잔재인 '도리탕'이 우리말에서 쓰이던 '닭탕'을 대체했다는 것을 알 수 있다. 그리고 '도리탕'의 용법이 확대되면서 '꿩도리탕', '오리도리탕' 등과 함께 '닭도리탕'이 만들어진 것으로 보인다.

닭볶음탕

'닭도리탕'의 순화어는 '닭볶음탕'이다.《표준국어대사전》에서는 '닭볶음탕'을 "닭고기를 토막 쳐서 양념과 물을 넣고 끓인 음식. 경우에 따라 토막 친 닭고기에 갖은 양념과 채소를 넣고 먼저 볶다가 물을 넣고 끓이기도 한다"고 풀이했다. 이 풀이를 볼 때, '닭볶음탕'이란 이름은 이 음식이 '볶음'과 '탕(湯)'의 특성을 더불어 지니고 있음을 나타낸다고 할 수 있다.

따라서 조리방식의 특성상 '닭탕'의 한 종류로 봐도 무방했겠지만, 순화어를 결정할 당시의 조리법, 즉 '볶음'과 '탕'의 특성을 모두 살리는 조리법을 강조하여 '닭볶음탕'이라는 새로운 이름을 만든 것으로 보인다. '볶음'과 '탕'을 결합한 이름으로 이 음식의 독특한 특성을 표현하고자 했던 것이다. 그러나 '탕'을 '국'의 뜻만으로 이해하는 사람에게는 '볶음'과 '탕'의 조합은 어색할 수밖에 없으리라.

도깨비와 꿀떡

"박람회장 입구는 잡상인과 관람객이 뒤엉켜 (도떼기시장 / 도깨비시장)을 방불케 했다."

이 문장에서 괄호 안의 두 낱말은 '많은 사람들이 모여 여러 종류의 물건을 무질서하게 사고파는 시끄럽고 어수선한 시장'을 뜻하는 말로 쓰인다. 원래 이런 뜻을 나타내는 말은 '도떼기시장'이었다. 그런데 어느 순간 '도깨비시장'이란 말이 만들어져 쓰였고, 이 말은 '도떼기시장'의 동의어로 국어사전의 올림말에 포함되었다.

'도떼기시장'이 '도깨비시장'으로도 불린 건 '도떼기'와 '도깨비'의 발음이 비슷하기 때문이었겠지만, '도깨비'란 말이 '물건은 없는 게 없고 거래처는 종잡을 수 없는 시장'의 특성을 잘 나타낸다는 면도 작용한 듯하다. 이런 연유로 '도떼기시장'은 '무질서하고 시끄럽고 어수선함'을 강조하는 맥락에서, '도깨비시장'은 '불법성과 비정상성'을 강조하는 맥락에서 더 많이 쓰인다.

"그 책을 사고 싶은 마음은 (굴뚝같지만 / 꿀떡같지만) 돈이 없어"에서도 괄호 안의 두 낱말은 '바라는 마음이 절실함'을 뜻하는 말로 쓰인다. 그런데 《표준국어대사전》에서는 '굴뚝같다'만을 올림말로 삼았다. 원래 말은 '굴뚝같다'이고, '꿀떡같다'는 '굴뚝'과 '꿀떡'의 발음상 유사성 때문에 만들어진 거라 봤기 때문이다. 일부 방언에서 '굴뚝'을 '꿀뚝'이나 '꿀떡'이라 한다는 것도 이런 판단에 영향을 미쳤을 것이다. 그러나 '굴뚝같다'만큼 '꿀떡같다'를 많이 쓰고, '굴뚝'보다는 '꿀떡'에서 '무언가를 간절히 하고 싶은 마음'을 연상하는 사람이 많은 걸 보면, 무엇이 먼저 만들어진 표현인지 판단해 표준형을 정하는 건 쉽지 않은 일이다. 《고려대한국어대사전》에서 '굴뚝같다'와 '꿀떡같다'를 모두 올림말로 삼은 것은 이 때문일 것이다.

말귀

'말귀가 밝다', '말귀가 어둡다', '말귀를 알아듣다' 등에 나오는 '말귀'는 어떻게 만들어진 말일까? '말귀가 밝다 / 어둡다'란 표현을 '귀가 밝다 / 어둡다'란 표현과 관련지으면, '말귀'를 '말을 알아듣는 귀'라는 구성에서 비롯한 합성어로 생각할 수 있다. 그렇다면 '말귀'를 '말(言)'과 '귀(耳)'로 분석하는 것은 자연스럽다.

그런데 '말귀를 알아듣다'란 표현에 쓰인 '말귀'는 '말(言)'과 '귀(耳)'의 합성으로 단정 짓기 어렵다. '말귀'의 '귀'를 인체의 부분인 '귀'로 보게 되면, '말귀를 알아듣다'의 뜻이 '말의 내용을 이해하다'임을 설명할 수 없기 때문이다. '말귀를 알아듣다'에서 '말귀'는 '말의 내용'에 대응하는 표현인 것이다. 그렇다면 '말귀를 알아듣다'에서의 '말귀'를 '말귀가 밝다 / 어둡다'에서의 '말귀'와 다른 말로 봐야 할까?

이에 대한 답을 구할 때 길잡이가 될 말이 '언구(言句)'다. 《고려대한국어대사전》에서는 '말귀'의 세 번째 뜻을 '말의 구절'로 풀이하고 그 유의어로 '언구'를 제시했다. 이때 '말귀'의 '말'은 '言'에 '귀'는 '句'에 대응하는데, 이를 보면 '언구'는 '말귀'와 '말의 내용'을 연결 지을 고리라 할 수 있다. 더구나 이전 맞춤법에서는 '한 토막의 말'인 '句節'을 '귀절'로 표기했으니, '말귀'를 '말(言)'과 '귀(句)'의 합성으로 보는 건 자연스럽다.

《큰 사전》에서는 '말귀'를 '남이 하는 말의 뜻을 알아듣는 총명'으로만 풀이했다. 그런데 이후 나온 사전에서 '말의 내용', '말의 구절' 등의 뜻이 추가되었다. '말의 구절'을 줄인 '말귀'를 접한 사람들이 이를 '말을 알아듣는 귀'인 '말귀'를 연상하며 써온 결과일 것이다. 사람이 듣고자 하는 것은 결국 '말의 내용'이었을 테니, '말의 구절'인 '말귀'와 '말을 알아듣는 귀'인 '말귀'를 하나로 보지 못할 이유는 없었으리라.

망측하다, 느지막하다, 직사게 : 음운 변화와 규범

"아유, (망측해라 / 망칙해라)! 별소리를 다 듣겠네."

이 문장에서 괄호 안에 들어갈 말은 뭘까? '망측해라'다. '정상적인 상태에서 어그러져 어이가 없거나 차마 보기가 어려운 일'을 당할 때, 이를 '망측하다'라고 표현한다. 그런데 '망측하다'의 '망측(罔測)'을 '망칙'으로 발음할 때가 많다보니 이를 '망칙하다'라고 쓰곤 한다. 흥미로운 것은 '흉측(凶測)하다'의 경우에도 '흉칙하다'로 '진즉(趁卽)'의 경우에도 '진직'으로 말하고 쓰는 경우가 흔하다는 것이다.

'측'이 한자 '측(測)'임이 분명하고, '즉' 또한 한자 '즉(卽)'임이 분명한데도 이를 '칙'과 '직'으로 쓰는 것은 역사적으로 '어즈럽다'가 '어지럽다'로, '즈름길'이 '지름길'로 변화한 것과 관련이 있어 보인다. 이러한 역사적 변화의 결과가 '망칙', '흉칙', '진직' 등으로 이어졌다는 말이다. 그렇다면 '금슬(琴瑟)'이 '금실'로 바뀐 것도 이런 맥락에서 이해할 수 있을 것이다. 이를 보면, '스, 즈, 츠'가 '시, 지, 치'로 바뀌는 현상이 전반적으로 일어난 음운 변동의 결과임을 알 수 있다. 그런데 이러한 변화의 결과를 모두 언어 규범에서 수용한 것은 아니다.

'금슬'의 변화형인 '금실'은 표준어로 인정을 받았지만, '망측하다', '흉측하다', '진즉'의 변화형인 '망칙하다', '흉칙하다', '진직'은 표준어로 인정받지 못했다. 이는 고유어의 경우에도 마찬가지다. '늦〔遲〕+으막+하〔爲〕+다'에서 비롯한 '느즈막하다'의 변화형인 '느지막하다'는 표준어로 인정을 받았지만, '으스대다, 으스스하다, 부스스하다'의 변화형인 '으시대다, 으시시하다, 부시시하다' 등은 아직까지 표준어로 인정받지 못했다. 이런 점을 생각하면, '직사게(直死게)'를 '즉사(卽死)하게'에서 변한 말로 보는 견해가 흥미롭게 다가온다.

"중국이나 일본 측의 자료에서는 '직사(直死)' 혹은 '직사하다(直死—)'의 사례를 찾기 어려운데 이는 아마도 이 단어가 본래 '즉사(卽死)~즉사하다(卽死—)'에서 '직사~직사하다'로 바뀌게 되면서 이 단어의 한자를 한국에서 새롭게 만들어 넣는 과정에서 '직사(直

死)'가 만들어졌기 때문인 것으로 판단된다."(김양진, 《우리말 수첩》, 정보와사람, 2011)

'즉사하다'에서 '직사하다'로 변했다는 사실을 알지 못한 상태에서 '직사'의 원어를 '직사(直死)'로 재구성했다는 것이다. 숙취를 푼다는 뜻의 '해장'이 '해정(解酲)'에서 변한 사실을 모르는 사람들이 변한 형태 '해장'의 원어를 '解腸(해장)'으로 오해하는 일이 빈번한 걸 보면, '즉사(卽死)'에서 변한 '직사'의 원어를 새롭게 만들어 '直死(직사)'라 했을 것이라는 추론은 신빙성이 있어 보인다. 언어 대중은 말의 변화를 거슬러 원어를 유지하려 하기도 하지만, 말의 변화에 근거해 새로운 원어를 만들어내기도 하는 것이다.

무색옷

"어머니는 평생 백의만 입고 사셨어요. 내가 색옷을 권해드려서 환갑 지내신 이후 처음 무색옷을 입으셨어요."

이 문장에서 '무색옷'은 '물감을 들인 천으로 만든 옷'이다. '색옷'과 '무색옷'이 같은 뜻의 말인 것이다. 그런데 '무색옷'이란 낱말을 다음과 같이 쓰기도 한다.

"이 제품은 검정옷을 포함, 다양한 색상의 패션 의류를 위한 컬러 의류 전용 중성세제로 유색옷과 무색옷을 구분해서 빨래하고 싶어 하는 소비자를 위해 개발됐다."

이 글을 쓴 사람은 '무색'을 '무색(無色)'으로 생각하고 이를

'흰색'의 뜻으로 썼을 것이다. 그러나 '무색(無色)'은 '흰색'이 아니다. '무색의 액체'나 '무색의 기체'에서처럼 '무색(無色)'은 '색깔이 없다'는 뜻으로 쓰인다. 애초에 '옷'과는 어울릴 수 없는 말인 것이다. '흰 옷'을 '무색옷'으로 쓴 건 '무채색(無彩色)'에 이끌린 오류일 뿐이다.

'옷'과 어울려 쓰이는 '무색'은 '물감을 들인 빛깔'을 뜻하는데, 이 뜻과 관련지으면 '무색'의 원래 형태를 '물색'으로 볼 수 있다. '물색'의 '물'은 '옷감에 물을 들이다'에서의 '물'이다. 그렇다면 '물색'은 색을 뜻하는 '물'에 다시 같은 뜻의 한자어 '색'을 붙여 만든 말이다. '가마'에 같은 뜻의 말 '솥'을 붙여 '가마솥'을 만들고, '담'에 같은 뜻의 한자어 '장(牆)을 붙여 '담장'을 만든 것처럼.

그런데 '물색'은 어떻게 '무색'이 되었을까? '물색'에서 'ㄹ'이 탈락하여 '무색'이 되었다. 복합어에서 'ㄹ'이 소리 나지 않는 것은 흔한 현상이다. '딸님'이 '따님', '활살'이 '화살', '바늘질'이 '바느질'이 되는 것처럼. 평범한 말이 흔한 언어 현상을 겪으며 낯선 말 '무색옷'이 만들어진 것이다.

발이 넓다와 얼굴이 넓다

다양한 사람과 교제하여 아는 이가 많음을 뜻하는 관용표현으로 '발이 넓다'가 있다. "만나는 사람마다 반갑게 인사하는 걸 보면 그가 발이 넓긴 넓은 모양이다"와 같이 쓴다. 이와 반대되는 표현으로는 '발이 좁다'가 있는데 "만나는 사람만 만나다 보니 발이 좁아졌다"와 같이 쓴다. 인간관계를 넓히려면 이곳저곳 돌아다니며 사람을 만나야 하니, '발이 넓다'는 이런 점에 착안하여 만들어진 표현이다.

간혹 '발이 넓다'와 같은 표현으로 '얼굴이 넓다'나 '안면이 넓다'를 쓰기도 하지만, 현재의 언어 감각으론 "당신이 얼굴이 넓고 모르는 사람이 없으니 대표를 맡는 게 좋겠어"와 같은 표현은 어색하다. 그러나 '안면이 있다'나 '얼굴을 익히다'란 표현이 자연스럽게 쓰이는 걸 보면, '아는 사람이 많음'을 '안면이 넓다'나

'얼굴이 넓다'로 표현하는 걸 이상하다고 할 수는 없다. '얼굴이 넓다'가 과거에 비해 잘 쓰이지 않는다는 사실은 지적할 수 있겠지만.

이러한 사실을 통해 분명히 알 수 있는 건, 한국인들은 '교제의 범위'를 말할 때 '얼굴'보다는 '발'을 먼저 연상한다는 사실이다. 그렇다면 '얼굴이 넓다'나 '안면이 넓다'란 말은 어떤 연유로 쓰이게 된 것일까? 기원상 '아는 사람이 많음'을 뜻하는 '얼굴이 넓다'는 일본어 관용표현 '顔が広い'를 번역한 표현인 듯하다. 일본인들은 '교제의 범위'를 말할 때 우리와 달리 '발'이 아닌 '얼굴'을 떠올리는 것이다.

이처럼 관습적인 연상은 언어마다 다를 수 있다. 그러나 사람의 사고방식이 비슷하다 보니 언어를 가로질러 유사한 관용표현이 만들어질 수도 있고, 언어 간 상호작용으로 여러 언어권에서 유사한 관용표현이 쓰일 수도 있다. 한국어에서 '얼굴이 넓다'와 '발이 넓다'가 더불어 쓰인 때가 있었듯이, 일본어에서도 '顔が広い'와 '足が広い'가 더불어 쓰일 날이 올지도 모를 일이다.

빈대떡

표준어 규정 제24항을 보면, "방언이던 단어가 널리 쓰이게 됨에 따라 표준어이던 단어가 안 쓰이게 된 것은, 방언이던 단어를 표준어로 삼는다"는 규정이 나온다. 그리고 '빈자떡'을 버리고 '빈대떡'을 표준어로 삼는다는 예를 제시하고 있다.

《큰 사전》에는 '빈자떡'과 '빈자병(貧者餠)'이 표준어로 제시되어 있고, '빈대떡'은 방언으로 제시되어 있었는데, 사용 빈도를 감안하여 방언을 표준어로 삼게 된 것이다. 그렇다면 여기에서 '빈자떡', '빈자병', '빈대떡'은 어떻게 관련되는 것일까?

'빈자떡'은 홍명복의 《방언집석》에 '빙져'로 나타나나, 《역어유해》에는 '빙쟈'로 바뀌어 나타났다.* 그러다가 지석영의 《자전석

* 《방언집석》은 중국어, 만주어, 몽골어, 일본어 등을 수록한 다국어 어휘집이고, 《역어유해》는 중국어 어휘집이다.

요》에 "以綠豆粉 煎成餠飵 빈자쎡"(녹두를 갈아 지져 만든 것이 병져 빈자쎡이다)이라 하면서, '餠飵'의 우리말이 '빈자쎡'임을 밝히고 있다. 이러한 자료를 볼 때, '빈자떡'은 한자어 '餠飵'에서 온 말이며, '餠飵'의 중국 한자음은 '빙져' 혹은 '빙쟈'였음을 짐작할 수 있다. 그렇다면 '빈자떡'은 떡을 뜻하는 한자어 '餠飵'에 의미상 중복되는 '떡'을 결합하여 만든 말인 것이다.

특히 《큰 사전》에서 '빈자떡'과 '빈자병(貧者餠)'을 함께 표제어로 올린 것을 보면, '빈자떡'이라는 말이 1950년대 후반까지 폭넓게 사용되었으며, '빈자'의 어원을 가난한 사람이란 뜻의 '빈자(貧者)'로 이해하는 것이 일반적이었음을 알 수 있다. 그런데 《큰 사전》에서 방언으로 쓰이던 '빈대떡'을 굳이 표제어로 올린 것을 보면, '빈대떡'도 '빈자떡'과 더불어 폭넓게 사용되었음을 알 수 있다. 따라서 표준어 개정 시 '빈대떡'을 표준어로 채택한 것은 '빈대떡'이 급격히 세력을 확장하여 '빈자떡'을 압도했기 때문일 것이다. 이러한 변동이 1960년대와 1970년대에 급격히 이루어진 것으로 볼 때, 도시화에 따른 인구 이동이 방언의 세력 확장에 일정한 영향을 미쳤음을 짐작할 수 있다.

사체死體와 시체屍體

"홧김에 살인을 저지르고 잔혹하게 사체를 손괴한 남성에게 중형이 선고됐다."

신문의 사회면에서 자주 볼 수 있는 문장이다. 그런데 '행정 용어 순화 편람'에는 이 문장에 쓰인 '사체' 대신 될 수 있으면 순화한 용어 '시체', '주검'을 쓰라고 되어 있다.

"건설 경기가 좋아지면서 굴삭기 수요가 늘어날 것으로 전망됐다."

이 또한 신문기사의 한 대목이다. '일본어 투 생활 용어 순화 고시 자료(문화체육부 고시 제1997-19호, 1997.2.15.)'에는 '굴삭기' 대신 될 수 있으면 순화한 용어 '굴착기'를 쓰라고 되어 있다.

왜 이런 권고안이 나오게 되었을까? '사체'와 '굴착기'는 일본식 한자어이기 때문이다. 그런데 이 한자어들은 대용자(代用字)를 사용한 한자어라는 점에서 '입장(立場)', '취소(取消)', '입구(入口)' 등과 같은 다른 일본식 한자어와 구분된다. 대용자(代用字)를 사용한 한자어란 무엇일까?

일본에서는 1981년 10월 1945자의 상용한자(常用漢字)를 제정한 이후, 상용한자에 들지 않는 한자를 포함하는 한자어를 바꾸는 정책을 추진했다. 이때 한자어를 바꾸는 원칙은 같은 음을 가지고 있고 의미상 관련된다면 상용한자에 포함되지 않는 한자를 상용한자로 대체한다는 것이다. 이런 유형의 일본식 한자어로 우리에게 익숙한 낱말이 '굴삭(掘削)', '고양(高揚)', '사체(死體)' 등이다. 이들 한자어는 전통적인 한자어인 '굴착(掘鑿)', '앙양(昂揚)', '시체(屍體)' 등을 바꾼 것이다. 그런데 일본에서 이러한 한자어들이 쓰이게 된 것은 '掘削·掘鑿(くっさく)', '高揚·昂揚(こうよう)', '死體·屍體(したい)' 등에서 보는 바와 같이 일본어로는 동일하게 발음되고 의미까지 유사하기 때문이다. 상용한자 1945자에 포함된 한자(削, 高, 死)로 상용한자가 아닌 한자(鑿, 昂, 屍)를 대체한 것이다. 1945자라는 한정된 한자만을 알아도 국한혼용을 할 수 있도록 하기 위한 일본인들의 노력이 엿보이는 대목이다.

문제는 우리 한자음으로는 이들이 전혀 다른 음이기 때문에, 우리가 이러한 한자어를 사용하는 것은 새로운 낱말을 추가하는 것을 의미한다는 점이다. 일본에서는 편리한 선택이었지만, 한국에서 이를 수용한다면 편리하지도 않을 뿐만 아니라 비경제적이고 주체적이지 못한 선택인 것이다. 이처럼 불편하고 비경제적이기까지 하니, 대용자를 사용한 일본식 한자어들이 우리말에서 무분별하게 쓰일 가능성은 낮다.

다만 몇 개의 어휘가 우리말에서 사용되는 양상은 주의 깊게 관찰할 필요가 있다. 이중 동일한 뜻의 기존 한자어와 의미를 분점하며 우리말에서 자리를 잡는 사례는 특히 흥미롭다. '사체'는 그 사용 영역이 사건, 사고에 국한되어 쓰인다는 점에서 '시체'의 사용 영역과 구분되는 것이다. '사체'란 말을 신문 사회면에서 주로 마주치는 것은 이런 이유 때문이리라. 박힌 돌을 빼내지 못한 굴러온 돌들이 생존하는 방식이 이렇다.

참고문헌

김민수, 〈한자어 정책의 문제와 전환의 방향〉, 《새국어생활》 7-1호, 국립국어연구원, 1997

숙맥과 쑥맥

"그는 세상 물정을 모르는 (쑥맥 / 숙맥)이다."

이 문장에서 괄호 안에 들어갈 말은? 답은 '숙맥'이다. 이 말의 원어가 '菽麥'이니 그 한자음을 따라 '숙맥'을 표준어로 한 것이다. 그런데도 '쑥맥'이란 말이 여전히 자연스럽고 널리 쓰이는 건 사람들의 머릿속에서 원어에 대한 의식이 희미해졌기 때문일 것이다.

'숙맥(菽麥)'의 원뜻은 '콩과 보리'이지만, 위 문장에서 '숙맥'은 '사리 분별을 못 하고 세상 물정을 잘 모르는 사람'을 뜻한다. '콩과 보리'가 비유적으로 쓰인 것이다. 그러나 사실 '사리 분별을 못 하고 세상 물정을 잘 모르는 사람'과 '콩과 보리'를 비유적으로 연결 지을 고리를 찾기는 어렵다. '숙맥'의 비유적 뜻은 '콩과 보리'가 아닌 '숙맥불변(菽麥不辨)' 즉 '콩과 보리를 구별하지 못함'에서 나왔기 때문이다. 사자성어 '숙맥불변'을 모르는 한 '숙맥'의 비유적 쓰임 또한 이해할 수 없는 것이다.

이광수의 소설 《마의태자》(1926)에는 "숙맥불변하는 유렴이 시중이 되어 예겸이 국정을 농락하게 되니…"와 "유렴이라는 숙맥으로 시중을 삼았다"라는 표현이 나온다. 이처럼 '숙맥불변'과 '숙맥'을 함께 쓴 걸 보면, 당시만 해도 '숙맥불변'과 '숙맥'을 관련짓는 의식이 뚜렷했음을 알 수 있다. 그러나 '숙맥'의 쓰임이 압도적으로 늘면서, '숙맥불변'을 의식하지 않고 '숙맥'을 쓰는 일이 잦아지게 되었다.

'숙맥불변'과 비슷한 말로 '오곡을 구별하지 못한다'는 '오곡불분(伍穀不分)'이 있다. 그런데 '오곡불분'보다 '숙맥불변'에 주목하고, 여기에서 '숙맥'을 분리해 '숙맥불변'과 같은 뜻으로 쓴 걸 보면, '숙맥'은 어감상 '어리숙한 사람'을 표현하기에 딱 맞았던 듯하다. 게다가 '숙맥'이란 말을 '콩과 보리'의 뜻으로 쓸 일도 거의 없었으니 원어 의식은 더 희미해졌을 것이고. 이쯤 되면 '쑥맥'을 표준어로 삼아도 놀랄 일은 아니다.

어로불변魚魯不辨

'魚'자와 '魯'자를 구별하지 못한다는 뜻으로, 아주 무식함을 비유적으로 이르는 사자성어다. '무식함'을 뜻한다는 점에서 '어리숙함'을 뜻하는 '숙맥불변(菽麥不辨)'이나 '오곡불변(五穀不分)'과 차이가 있다. 우리말 속담 '낫 놓고 기역자도 모른다'와 의미가 같다.

애당초와 애시당초

"그런 일은 (애초 / 애당초 / 당초 / 애시당초)에 거절을 했어야지."

이 문장에서 괄호 안에 들어갈 수 있는 말은? '애시당초'를 제외하고는 모두 들어갈 수 있다. '애초', '애당초', '당초'는 모두 '맨 처음에'란 뜻을 가진 말이다.

'애초'나 '애당초'는 원래 '처음'을 뜻하는 '애'에 '초(初)'나 '당초(當初)'가 합성된 것인데, 이때의 '애'는 '처음'의 옛말인 '아ᅀᅵ'가 '아이'로 변한 뒤 굳어진 말이다. 한자어인 '초(初)'와 '당초(當初)'에 이미 '처음'의 의미가 포함되어 있는데도 굳이 '처음'을 뜻하는 '애'를 덧붙인 것은 중복을 통해 '처음'을 강조한 것으로 볼 수 있다.

그렇다면 비표준어로 제외된 '애시당초'는 어떻게 만들어진 말일까? '애'가 '아ᅀᅵ'*에서 변한 것임을 생각할 때, '애시당초'의 '애시'에서는 변한 형태와 옛 형태가 공존하는 것으로 볼 수 있다. 다시 말해 '아ᅀᅵ+당초'를 '애시+당초'로 재구성해 '애시당초'란 합성어가 만들어졌다고 보는 것이다. '아시당초'와 '애시당추' 등이 방언에서 쓰이고, '아시'와 '애시' 또한 '처음'의 뜻으로 쓰인다는 사실은 이러한 설명을 뒷받침한다.

이처럼 '애시당초'는 '애당초'와 같은 뜻의 비표준어이지만, 실제 표현에선 '애당초'에 더 힘을 주는 말로 쓰이는 듯하다. 그러한 표현 효과를 실감하는 일이 잦아질 때 '애시당초'의 어휘적 위상도 확고해질 것이다.

---

* '아ᅀᅵ'의 'ᅀ'은 훈민정음 자모 중의 하나이다. '훈민정음'에서는 '반치음(半齒音)'이라 불렀는데, 'ㅅ'보다 소리가 여리다고 하여 '여린시옷'으로 부르기도 한다. 주로 모음 사이에서 쓰였는데, '아ᅀᆞ'가 '아우'로 바뀌고 'ᄆᆞᅀᆞᆷ'이 '마음'으로 바뀐 데에서 알 수 있듯이, 이 자모가 나타내는 소리가 사라지며 해당 표기도 사라졌다. 그런데 이 자모가 사용된 옛말은 방언에 흔적을 남기도 했다. 이때 'ᅀ'은 방언에서는 'ㅅ'으로 실현된다. 이런 점에서 반치음 'ᅀ'은 순경음 비읍 'ㅸ'과 비슷한 변화를 겪었다고 볼 수 있다. '셔ᄫᅳᆯ'이 '서울'로 '쉬ᄫᅵ'가 '쉬이'로 바뀐 데에서 알 수 있듯이, 이 자모가 나타내는 소리가 사라지며 해당 표기도 사라졌다.

오덕후

'오타쿠(オタク, 御宅)'는 '한 분야에 지나치게 집중하거나 집착하는 사람'이다. 이 말은 1990년대 중반부터 외래 신어로 쓰였는데, 언제부턴가 이를 '오덕후'로 변형하여 쓰기도 한다. 그런데 '오덕후'가 한국 한자어의 독음으로 느껴졌기 때문일까? 사람들은 '오덕후'의 원어가 '오타쿠'라는 사실과 상관없이, '오덕후'를 한자어로 생각하고 그에 맞춰 새말을 만들었다.

'십덕후'는 '오덕후'들 중 '집중하는 분야가 많거나 집중의 정도가 높은 사람'을 가리키는 말이다. 이 뜻으로 보면 '십덕후'는 '오덕후'의 '오'를 '五'로 생각한 결과다. 그러니 '오덕후' 중 경지가 대단히 높은 사람을 가리키는 말로 '백(百)덕후', '천(千)덕후', '만(萬)덕후'가 만들어지는 건 자연스럽다. 그리고 사람들은 '오'와 '덕후'를 분리하여 생각한다. '오, 십, 백, 천, 만'이 어떤 정도를 나타내는 상황에서 '덕후'는 '오덕후'의 줄임말보다는 '오타쿠'의 의미를 담은 독립적인 낱말로 기억되는 것이다. 이렇게 되면 '덕후'를 어근으로 하는 새말이 만들어진다.

'덕후질'은 '덕후'에 접사 '-질'이 결합한 말로, '덕후로서의 일이나 행동'을 뜻한다. 이를 줄여 '덕질'이라 하는데, 이 말이 널리 쓰이자 이젠 '덕'이 '덕후'의 뜻을 지닌 어근으로 인식되었다. 덕질을 시작한다는 '입덕(入-)', 덕질을 그만 둔다는 '탈덕(脫-)', 덕질을 잠시 쉰다는 '휴덕(休-)' 등이 '덕'을 어근으로 한 말이다. 이렇게 되자 '오덕후'의 줄임말로 '오덕'을 쓰기도 한다. 이처럼 어근에 대한 의식이 변하면서 이 말들이 '오타쿠'에서 비롯되었다는 의식도 갈수록 희미해진다.

말은 이렇게 언어 간 경계를 넘는다.

입장立場과 처지處地

'입장(立場)'을 '처지(處地)'로 정화해야 한다는 것은 1948년에 나온 《우리말 도로찾기》에서 제시한 안이다. 이 책은 당시 문교부 편수국에서 1946년 6월에 일본말을 우리말로, 일어식 한자어를 우리식 한자어로 정화할 방침을 세우고 만든 것으로, 938개의 일본어를 일소하기 위한 정화안이었다. 그러나 이중의 많은 한자어가 중국 한어(漢語)에 있던 것이거나 한어에 수용된 일어계 한자어라는 점에서, 쓰지 말아야 할 한자어를 정하는 데 주의를 기울일 필요가 있다.

'입장(立場)'은 수속(手續), 입구(入口), 취소(取消), 관점(觀點), 기분(氣分) 등과 같이 중국 한어에도 수용된 일본 한자어라는 점에서 반드시 없애야 할 대상은 아니라 할 수 있다. 즉, 중국에서도 사용하고 일본에서도 사용하는 한자어일 뿐만 아니라, 한국에서도 광범위하게 사용되고 있다면, 그 기원이 일본 한자어라 할지라도 굳이 정화해야 할 필요는 없기 때문이다. 또한 근대화 과정에서 만들어진 적자(赤字), 원주(圓周), 하숙(下宿), 회람(回覽) 등의 용어도 그 계보를 일본 한자어라 단정하고 정화해야 할 어휘로 보는 것도 문제다.

특히 예전부터 중국과 한국에서 사용하던 '결혼(結婚)'과 '애매(曖昧)'를 일본 한자어로 단정하고 이를 '혼인(婚姻)'과 '모호(模糊)'로 바꿔야 한다고 한 것은 《우리말 도로찾기》의 신뢰성을 떨어뜨린 사례라 할 수 있다. 이들은 일본에서도 쓰이는 한자어이지, 일본 한자어는 아닌 것이다. 한중 및 한일의 국제적 공통성을 살려 보자는 시각에서 본다면, 일본 한자어를 대하는 자세가 달라질 수 있을 것이다.

참고문헌

김민수, 《한자어 정책의 문제와 전환의 방향》, 《새국어생활》 7-1호, 국립국어연구원, 1997

자유自由

"진리를 알지니 진리가 너희를 자유케 하리라."(요한복음 8: 32)

이 구절에서 '자유케 하리라'의 정확한 표현은 '자유롭게 하리라'다. '자유하다'란 말이 없기 때문에 '자유하게'를 줄인 '자유케'도 있을 수 없다. 그런데 왜 성경에선 이처럼 문법적이지 않은 표현이 사용되었을까? 그건 성경의 번역 시점과 관련이 있다.

'자유(自由)'는 근대 초 일본에서 'freedom', 'liberty'의 번역어로 채택한 말이다. 우리나라에서는 19세기 말경부터 이 말이 쓰였던 것으로 보인다. 그런데 특이한 것은 《한영ᄌᆞ뎐》(1897)에 'ᄌᆞ유(自由)ᄒᆞ다'란 낱말이 실려 있다는 점이다. '하다'가 '건강, 행복, 공부, 운동' 등 상태와 동작을 나타내는 한자어 명사에 붙어 형용사나 동사를 만드는 것처럼, 그 당시에는 '자유'에도 '하다'를 붙여 썼던 것이다. '진리가 너희를 자유케 하리라'란 번역은 이런 맥락에서 나오게 되었다.

당시 '자유'는 주로 개념어로 쓰이면서 일상 생활어의 영역으로 넘어오지 못한 듯하다. '자유'와 유사한 일상 생활어로는 '임의(任意)'란 말이 쓰이고 있었기 때문이다. '임의'라는 전통 한자어가 '자유'의 확산을 막고 있었던 것이다. '자유'의 쓰임이 제한적이다 보니, 그로부터 파생된 '자유하다' 또한 성경 번역에 쓰였음에도 불구하고 널리 확산되지는 못했다.

주목할 것은 일상어로서 '자유'의 쓰임이 확대되면서 '자유하다'를 대신해 '자유롭다'가 등장한다는 사실이다. '임의'가 차지하던 〔하고 싶은 대로 할 수 있음〕의 의미 영역을 '임의'와 '자유'가 나눠 갖게 되면서, '임의롭다'의 영역에서 '자유롭다'가 자신의 자리를 잡게 된 것이다. '자유'의 쓰임이 확대되며 '자유롭다'의 쓰임 또한 확대되어 오늘에 이르렀다.

장부帳簿와 치부置簿

"○○○ 씨는 장부 표지에 '매일기록부'라고 써 붙였지만 실제로는 '치부책'이라고 불렀습니다. 금전 출납을 기록했지만 한편으론 '검은돈'의 내역도 포함됐음을 뜻합니다."

한 방송의 뉴스에서 나온 말이다. 여기에서 기자는 '장부'와 치부'를 구분하며, '치부책'을 '검은돈의 출납 내역을 기록한 책'이란 뜻으로 썼다.

'치부'가 "금전이나 물건 따위가 들어오고 나감을 기록함. 또는 그런 장부"(《표준국어대사전》)로 풀이된 걸 보면, 이처럼 '장부'와 '치부'를 구분하는 언어 의식은 특이하다. 그런데 이러한 구분 의식은 뇌물 사건을 보도하는 방송과 신문에서 심심치 않게 확인할 수 있다. 뜻이 같은 말을 이처럼 다르게 받아들이는 태도는 어디에서 비롯했을까?

'장부'는 19세기 말경에 일본에서 들어온 한자어다. 근대 문물과 함께 들어온 한자어는 대부분 우리말에서 쉽게 자리를 잡았지만 '장부'의 처지는 달랐다. 조선 후기에 이미 동일한 뜻의 '치부'가 폭넓게 사용되고 있었으니, 신생 한자어 '장부'는 '치부'의 저항에 주춤할 수밖에 없었다. 그러나 사회·경제·문화적으로 일본의 영향력이 커지면서 '장부'는 금세 '치부'를 밀어내고 공식 용어로 자리를 잡았다.

'시골에 계신 할머니의 치부책'과 '시장 바닥 일수쟁이의 치부책'이란 말을 들은 사람은 '규격화되지 않은 조잡한 장부'를 떠올릴 것이다. '치부'를 '검은돈의 출납 내역을 기록한 책' 정도로 생각하는 언어 의식도 이런 맥락에서 비롯했을 것이다. 이처럼 경쟁에서 살아남은 낱말이라도 공식 용어에서 밀려나면 그 의미가 축소되거나 의미적 가치가 하락하기 마련이다.

언어 세계에서의 생존 경쟁도 정글만큼이나 치열하다.

젠체하다와 재다

우리말 연구자인 허인영은 '잘난 체하다'는 뜻의 '젠체하다'가 '제가 저인 체하다'라는 구성에서 유래한 말로 보았다. 과연 "각 대관이 회집ᄒᆞ야 제가 젠 톄ᄒᆞ노라고 헛튼 슈작 골나 ᄒᆞᆯ제"〔각 대관이 모여 제가 저인 체하느라고 허튼 수작을 골라서 할 적에〕(《대한매일신보》, 1904)라는 사용례를 보면, 여럿이 모인 자리에서 자기를 내세우며 으스대는 대관들의 모습이 눈에 그려진다. 이렇게 쓰이던 말은 '제가' 생략되며 '젠 체하다'가 되었다가, 이내 '젠체하다'란 낱말로 굳어진 모양이다. 《조선어사전》엔 '젠체하다'가 어엿한 올림말로 올랐다.

그런데 흥미로운 것은 '젠체하다'를 '잰체하다'로 써도 별로 어색하지 않다는 사실이다. 우린 '잘난 척하며 으스대거나 뽐내다'는 뜻의 낱말, '재다'에도 익숙하기 때문이다. '젠체하다'와 '재다'의 뜻이 거의 같으니, 이러한 혼란은 예고된 것이리라.

'잘난 척하고 으스대다'는 뜻의 '재다'는 이희승의 《국어대사전》(1961)에 최초로 등장한다. 다만 이 '재다'를 '물건의 길이를 자로 헤아리다'는 뜻의 '재다'에 귀속된 '속어'로 등록한 걸 보면, 당시만 해도 이런 뜻의 '재다'는 확고히 자리 잡지 못했던 듯하다. 그러니 먼저 자리 잡은 '젠체하다'의 영향을 받아 '재다'의 뜻이 만들어진 걸로 의심해 볼 수 있을 터. '젠체하다'를 '저+이+ㄴ+체하다'가 아닌 '제(다)+ㄴ+체하다'로 잘못 분석하면서, '제다'가 '잘난 척하고 으스대다'는 뜻의 동사라 생각했고, 이 '제다'를 '재다'로 바꿔썼을 수 있다는 말이다. '제다'를 '재다'로 발음하거나 표기하는 건 흔한 일이었으니.

낱말의 기원에 대한 오해는 새로운 낱말을 상상하는 계기가 되기도 한다.

젠체하다와 내로라하다

'제가 저인 체하다'가 '젠체하다'가 되어 '잘난 척하다'란 뜻을 갖게 된 것은 '잘난 척'에 대한 한국인의 인식을 잘 보여준다. 자신을 적극적으로 드러내는 것 자체를 잘난 척이라고 생각하는 것이 그렇다. 이러한 사고방식은 '내로라하다'는 낱말에서도 찾을 수 있다. '내로라하다'는 '나이로라하다'를 줄여 쓴 말로, '나 + -이- + -로라'와 '하다'가 결합한 것이다. 따라서 '내로라하다'의 뜻은 '(바로) 나다'라고 스스로 말하는 것이라 할 수있다.

이런 점을 보면, '내로라하다'와 '젠체하다'라는 낱말을 만드는 데 작용한 언어 의식은 거의 같다고 할 수 있다. 그러나 '내로라하다'는 '잘난 척하다'란 뜻으로만 쓰인 '젠체하다' 와 달리 '어떤 분야를 대표할 만하다'는 뜻으로 쓰이게 되었다. 같은 '잘난 체'이지만 '내로라하다'는 그 '잘난 점'을 자타가 공인한다는 뜻을 담게 된 것이다.

창피하다

고유어로 알고 있는 낱말 중엔 어원이 한자어인 경우가 꽤 있다. '창피하다'도 그 중 하나다. 《고려대한국어대사전》에서는 '창피(猖披)'를 '체면이 깎이는 일이나 아니꼬운 일을 당함'으로 풀이하면서 다음과 같은 설명을 덧붙였다.

"'창피(猖披)'는 본래 '머리를 마구 헝클어트리고 옷매무새를 단정하지 못하게 흩트린 모습'을 가리키던 말로, 중국 전국 시대의 문필가 굴원(屈原)이 쓴 《이소경(離騷經)》에 나오는 '어찌 걸(桀)과 주(紂)는 머리를 헝클어트리고 옷매무새를 흩뜨린 채, 다만 궁색한 걸음으로 지름길을 찾았는가(何桀紂之猖披兮 夫唯捷徑以窘步)'라는 구절에서 온 말이다. 무소불위의 권력을 누리던 하나라의 걸왕과 은나라의 주왕이 나라가 망하는 순간에 품위와 체통을 잃고 당황하는 모습을 나타낸 말로…."

그런데 '창피하다'는 입말에서 흔히 '챙피하다'로 발음된다. '창피하다'를 '챙피하다'로 발음하는 것은 '아기'를 '애기'로 '가랑이'를 '가랭이'로 '먹이다'를 '멕이다'로 발음하는 것과 같은 'ㅣ 역행 동화' 현상이다. 현행 규범에서는 'ㅣ 역행 동화'로 인한 발음을 표준 발음으로 인정하지 않지만, 이는 우리말에서 광범위하게 발생하는 음운 현상이다.

다만 한자어나 외래어는 원형을 유지하려는 경향이 있어 이처럼 광범위하게 발생하는 음운 현상도 비껴가는 경우가 많다. 그러나 이런 낱말도 우리말에 동화되면 사정이 달라진다. '창피하다'를 자연스럽게 '챙피하다'로도 발음하는 건 '창피'가 한자어라는 의식이 없어졌기 때문일 것이다. 이 단계가 되면 원어의 한자와 출처를 아는 것은 이 낱말의 뜻과 용법을 이해하는 데 별다른 도움을 주지 못한다.

한자어와 고유어의 경계는 이렇게 희미해져 간다.

천만에와 천만의 말씀

"천만 대군이 밀려온다 해도 나는 물러서지 않겠다."

이 문장에서 '천만(千萬)'은 아주 많은 수효를 상징적으로 나타내는 말이다. '천(千)'과 '만(萬)'도 그럴진대 그 둘을 합한 '천만'이 상징하는 수효는 얼마나 대단하겠는가. 그런 상징성 때문인지, '천만'의 쓰임은 '수효의 많음'을 넘어 '정도의 대단함'을 나타내는 데까지 확장되었다.

'위험천만하다'는 '위험하기 짝이 없다'는 뜻인데, 여기에서 '천만'은 '비교할 대상이 없을 만큼 (위험의) 정도가 대단히 심함'을 나타내는 말이다. 이런 용법은 '섭섭하기 짝이 없다'는 뜻의 '유감천만이다'에서도 찾을 수 있다.

'정도의 대단함'을 나타내는 '천만'은 '아주'나 '매우'와 같은 부사의 뜻과 용법으로 쉽게 전환될 수 있다. '천만다행이다', '천만부당하다', '천만뜻밖이다', '천만의외다' 등에서 '천만'의 뜻과 용법이 그렇다. 그런데 '부당, 뜻밖, 의외' 등 부정적인 말과 더불어 쓰일 경우, '천만'은 '전혀'의 뜻과 용법에 근접한다. '전혀 그렇지 아니하다, 절대 그럴 수 없다'는 뜻의 감탄사인 '천만에'는 이런 맥락에서 형성된 것으로 보인다.

문세영의 《조선어사전》에서는 '천만에'를 '천만의외에'에서 줄어든 부사로 설명했다. 여기서 '아주 의외다'와 '전혀 그렇지 아니하다'의 의미적 연관성에 주목하면, '천만에'가 부정의 뜻을 띠게 된 맥락을 짐작할 수 있을 것이다. 그런 점에서 보면 '천만의 말씀'이란 표현도 '천만에'와 같은 맥락에서 나온 표현이라 할 수 있다. '당치 않은 말씀'이라는 건 '천만의외의 말씀'이란 뜻을 함축한다고 볼 수 있기 때문이다.

'천만의 말씀'과 '천만에'라는 표현이 나온 맥락도 같은데, '천만의'와 '천만에'는 발음까지 같을 수 있다.* 그러니 '천만의 말씀'을 '천만에 말씀'으로 쓰는 일이 잦을 수밖에.

---

* 표준발음 규정상 조사 '의'는 [ㅢ]로 발음하지만, [ㅔ]로 발음하는 것도 허용한다. 따라서 '천만의'는 [천마늬]나 [천마네]로 발음할 수 있다.

천장과 천정

"나는 방에 드러누워 (천장 / 천정)만 바라보았다."

이 문장에서 괄호 안에 들어갈 말은? 답은 '천장'이다. 약간의 발음 차이로 둘 이상의 형태가 쓰일 경우 더 일반적으로 쓰이는 형태 하나만을 표준어로 삼는데, 이 원칙에 따라 '천장'을 표준어로 삼았기 때문이다. 북한에서는 '천정'이 더 일반적으로 쓰이는지 이를 문화어로 삼았다. 이런 설명을 들으면 '천장'과 '천정'이란 형태는 같은 말의 발음이 갈라진 거라 생각할 수도 있다. 그러나 이들은 각각 '天障'과 '天井'을 원어로 하는 말이다.

'천장(天障)'은 '반자'와 '보꾹'이란 고유어를 대신해 쓰여 온 한자어다. 국한대역사전(國漢對譯辭典)인 《국한회어(國漢會語)》

(1895)에선 '반자'의 한자 대역어로 '천장'을 제시했다.* 그런데 '입천장'이란 말이 널리 쓰인 걸 보면, '천장'은 고유어 '반자'만큼이나 대중들에게 친숙한 말이었던 듯하다. 그러나 같은 뜻의 일본 한자어 '천정'이 들어오면서 '천장'의 위상이 흔들린다. '천장'에 대해 조선총독부의 《조선어사전》에서는 '천정의 바뀜'으로, 문세영의 《조선어사전》에서는 '천정과 같음'으로 풀이했다. '천정'을 바르거나 일반적인 형태로 본 것이다. 이 관계가 뒤바뀐 건 《큰 사전》부터다. 이 사전의 '천정' 항목엔 '천장'과의 동의관계만 표시되고 뜻풀이는 '천장'에 제시되었다. 뜻풀이를 '천장'에 함으로써, '천장'이 '천정'보다 일반적인 형태임을 보인 것이다.

지금은 '천장'만이 유일한 표준어로 인정받는다. 그러나 현재의 규범에서도 '천정'의 흔적을 지울 수는 없다. '천정'을 규범으로 정했던 조선어사전에서도 '입천장'이란 올림말 속에 '천장'이 뿌리내렸듯, '천장'이 규범인 오늘날에도 '천정'은 '天井知らず'에서 기원한 '천정부지(天井不知)' 속에 뿌리내리고 있는 것이다.

* 홍미로운 건 《국한회어》를 편찬할 당시, 중국에서 일반적으로 '天花板(천화판)'과 '天蓋板(천개판)' 등이 '천장'에 해당하는 말로 사용되었다는 사실이다. 이를 보면 한중일 세 나라가 '천장'을 표현하는 한자어를 달리 썼다는 것을 알 수 있다.

청국장과 호빵

'푹 삶은 콩을 더운 방에 띄워서 만든 된장'인 '청국장'의 기원을 《한국문화대백과사전》에서는 다음과 같이 설명한다.

"전시(戰時)에 단기숙성으로 단시일 내에 제조하여 먹을 수 있게 만든 장이라 하여 전국장(戰國醬), 또는 청나라에서 배워온 것이라 하여 청국장(淸國醬)이라고도 하며, 전시장(煎豉醬)이라고도 한다."

그런데 《한국문화대백과사전》의 설명과 달리 모든 국어사전에서는 '청국장'의 원어를 '淸麴醬'이라 밝히고 있다. 국어사전의 설명에 따르면 '청국장'은 '청국(淸麴)'과 '장(醬)'이 결합한 말이다. 이때 '청국'은 나라 이름인 '청국(淸國)'이 아니라, 누룩곰팡

이가 번식하여 발생하는 발효물질을 뜻하는 '청국(淸麴)'이다. 발효 음식인 '청국장'의 특성이나, 우리말에 '청국(淸國)'으로 물건의 기원을 밝힌 예가 없다는 점을 생각하면*, 국어사전의 설명이 사실에 가깝다고 볼 수 있을 터. 그렇다면 왜 사람들은 '청국장'을 청나라에서 온 된장이라고 생각했을까? 이는 물건이 들어온 곳을 밝혀 이름 짓는 관습에 따라 유추한 결과다.

'양약', '양송이', '양잿물', '양담배', '양춤' 등은 '약', '송이', '잿물', '담배', '춤' 등에 '양(洋)'을 붙여 이것이 서양에서 들어온 것임을 나타내는 말이다. 이러한 조어법은 '떡', '밀', '주머니' 등에 '호(胡)'를 붙여, '호떡', '호밀', '호주머니' 등을 만든 것과 같은 방식이다. '호(胡)'는 청나라를 낮춰 부르던 말이었는데, 이를 사물 이름 앞에 붙임으로써 그것이 청나라로부터 들어온 것임을 나타낸 것이다. '양조간장'을 '왜간장'이라 하고, '밀가루나 쌀가루를 짓이겨서 얇게 구운 과자'를 '왜떡'이라 한 것도, 일본에서 들어온 사물 이름 앞에 일본을 낮춰 부르던 말 '왜(倭)'를 붙인 것이다.

이런 이름 짓기 관습에 익숙한 사람이라면, '청국장'의 '청국'을 '청나라'로 생각할 수도 있을 터. 이처럼 부정확한 사실에 근

* '청나라'에서 들어온 것을 표시할 때 '청(淸)'을 쓴 예로 '청요리(淸料理)'가 있다.

거하여 유추한 어원을 언어학에서는 '민간어원'이라 한다. '호주머니', '호떡' 등의 어원을 의식하여, 특정 상품명인 '호빵'을 '호(胡)'와 '빵'이 결합하여 만들어진 낱말로 보게 된 것 또한 이러한 유추의 결과다. '빵'이라는 말 자체가 포르투갈어 'pão'에서 비롯한 말이니, '호(胡)'와 '빵'이 특별히 결합할 일도 없었을 터. '호빵'은 광고 문구 그대로 '호호 불어서 먹는 빵'이란 뜻을 담아 만든 말일 것이다.

한데

'한데'는 "사방, 상하를 덮거나 가리지 아니한 곳, 즉 집채의 바깥을 이르는 말"이다. "철거민들은 한데로 쫓겨났다"나 "식구 여섯에 집이 없으니 당장 한데서 잘 판이 되어 버린 거죠"와 같이 쓰인다. 그럼 '한데'는 어떤 말일까? '우리말샘'에서는 '한데'의 어원을 다음과 같이 설명하고 있다.

"'한데'의 옛말인 '한듸'는 15세기 문헌에서부터 나타난다. '한듸'는 '한'과 "장소"를 의미하는 의존명사 '듸'가 결합한 것인데, '한'은 "바깥"을 의미하는 것으로 추정되나 '한듸' 외에 달리 쓰인 예가 나타나지 않아 정확히 파악하기는 어렵다."

그런데 '한데'라는 말을 접할 때, '한데'의 '한'에서 '寒(한)'을 떠올리는 사람이 많다. '한데'를 '추운 곳'인 '한지(寒地)'로 생각하는 것이다. 집 바깥으로 쫓겨나 의지할 데가 없을 때의 괴로움이 극에 달할 때가 겨울철임을 생각하면, 그리고 '지(地)'가 '장소'를 뜻하는 '데'와 연결할 수 있다는 점을 생각하면, '한데'와 '한지(寒地)'를 연결하는 논리가 그럴듯하다. 그런데 이러한 추론은 '箸(저)'가 '젓가락'을 뜻한다는 사실에 이끌려 '수저'의 '저'를 한자 '箸(저)'로 보는 것과 유사하다. 그러나 모두 잘못된 추론이다.

한자문화권에서 살아온 우리는 어떤 말의 기원을 알지 못할 때 그 말과 유사한 한자를 떠올려 어원을 이해하려 한다. '생각'을 '生覺'과, '우레'를 '雨雷(우뢰)'와, '사랑'을 '思量(사량)'과, '양치질'*의 '양치'를 '養齒(양치)'**와, 일에는 마음을 두지 아니하고 쓸데없이 다른 짓을 한다는 뜻의 '해찰'을 '解察(해찰)'과 관련짓는 것 따위가 그렇다. 말의 뜻과 음을 한자의 뜻과 음에 연결 지으면 그 말을 그럴듯하게 설명할 수 있으니, 이런 시도가 계속되는 것이리라. 그러나 엄격한 방법론이 수반되지 않는 한 이런 시

* 《계림유사(鷄林類事)》에는 '齒刷曰養支'라는 문구가 있다. 이는 '이를 닦는다'는 뜻의 '齒刷(치쇄)'에 해당하는 고려말을 한자음을 이용해 '양지(養支)'로 나타낸 것인데, 이 '양지'에서 '양치질'이 나온 것으로 보인다.

** 《큰 사전》에서는 '양치'의 원어를 '養齒'로 제시했다. 어원의식이 단절된 상태에서 한자의 뜻과 음에 기대어 말의 기원을 추정한 것이다.

도는 견강부회가 되기 쉽다. 물론 한자에 기대 그 말의 기원을 생각해 보는 것은 해당 낱말을 이해하는 하나의 방편으로서 의미 있는 일일 수 있다.

수저의 어원

"수저는 숟가락과 젓가락을 아울러 이르는 말이다. '술'과 '저(箸)'가 합쳐지면서 'ㅈ' 앞에서 'ㄹ'이 탈락하여 '수저'가 되었다." 필자가 필진으로 참여한 《우리말오류사전》(경당, 2003)에 기술된 내용의 일부다. 이것이 어원사전을 참조하여 기술한 내용이었던 걸 생각하면, 당시는 '수저'의 '저'를 한자 '箸'로 보는 견해가 일반적이었던 것 같다. 그러나 여기에 나온 '수저'의 어원 정보 중 '술'과 '저(箸)'가 결합해 수저가 되었다는 견해는 오류다. 국어학자 조항범 교수는 오류의 이유를 다음과 같이 설명한다.

"'술 + 箸' 설에서 문제가 되는 것은 '箸'다. 한자 '箸'가 '젓가락'을 뜻하고, 또 현대국어 '수저'의 '저'와 음이 같아서 쉽게 그것을 떠올린 것이지만 이는 잘못이다. 한자 '箸'의 중세국어 음이 '뎌'였기에 만약 '술箸'라면 중세국어에서 '술뎌' 또는 '수뎌'로 나타나야 하는데, 실제 '술져' 또는 '수져'로 나타나고 있어 '져'는 '箸'가 아니라는 사실이 분명히 드러난다. '뎌'와 '져'는 큰 차이가 있는 것이다. '져'는 《계림유사(鷄林類事)》(1103)의 '箸曰折(저왈절)'* 을 고려하면 본래 '졀'이었던 것으로 보인다. 그런데 15세기 정음 문헌에는 '졀'은 보이지 않고 'ㄹ'이 탈락한 '져' 일색이다." (《문화일보》, 2019.1.4.)

현재 '술'과 '저'는 사물을 가리키는 말로 쓰이지 않고, 대신 '술'과 '저'에 '가락'이 결합한 합성어인 '숟가락'과 '젓가락'이 쓰인다. '숟가락'은 '술'과 '가락' 사이에 사이시옷이 쓰여 '숤가락'이 되었다가 '숫가락'으로 변한 뒤 발음에 따라 '숟가락'으로 굳어진 것으로 보인다. '젓가락'은 '져'와 '가락' 사이에 사이시옷이 쓰여 '졋가락'이 되었다가 '젓가락'으로 변했다.

* '箸'는 고려말로 '결'이라는 뜻이다.

핸드폰

"핸드-폰 ▼hand phone 〈통신〉 〔같은 말〕 휴대 전화. '휴대 전화', '손전화'로 순화."(《표준국어대사전》)

국어사전의 설명 중 '핸드폰'의 원어인 'hand phone' 앞에 붙은 표시 '▼'은 'hand phone'이 영어권에서 만들어진 낱말이 아님을 나타낸다. 결국 'hand phone'은 원어 아닌 원어라는 뜻. 그럼 왜 'cellular phone'이나 'mobile phone'과 같은 멀쩡한 말을 두고 굳이 'hand phone'이란 국적 불명의 영어를 쓰게 되었을까? 단서는 국어사전에서 순화어로 제시한 '손전화'에서 찾을 수 있다.

한국어에서는 휴대할 수 있거나 작은 물건을 나타내기 위해 '손'을 결합한 합성어를 만드는 것이 자연스럽다. '손지갑', '손대야', '손금고' 등에서 '손'은 '작은'의 뜻으로 쓰였고, '손전화', '손전등', '손거울', '손난로' 등에서 '손'은 '휴대할 수 있는'이란 뜻으로 쓰였다. 여기에서 휴대할 수 있는 건 대개 작은 것이니, 두 가지 뜻은 특별히 구분되지 않고 쓰일 때가 많다.

이를 보면 한국어에서 'hand phone'이란 영어 아닌 영어가 널리 쓰이게 된 이유를 어느 정도 짐작할 수 있다. 국어사전에서는 '핸드폰'을 '손전화'로 순화하라 했지만, '핸드폰'이란 말이 만들어지는 과정을 역추적하면 '손전화'를 먼저 떠올린 사람들이 이를 'hand phone'으로 전환해 썼을 가능성이 높다.

그럼 'hand phone'은 한국에서 만들어진 영어인가? 그럴 가능성은 높지만 이런 낱말 만들기 방식이 한국어에만 있는 건 아닐 테니 단정할 순 없다. 중요한 건 '손'에서 '작은'이나 '휴대할 수 있는'이란 뜻을 연상해 낱말 만들기에 적용하는 언어권에서라면 'hand phone'이라는 낱말을 언제든 만들어 쓸 수 있다는 사실이다.

콩글리시와 한국 한자

'콩글리시(Konglish)'는 한국에서 만들어진 한국식 영어를 가리키는 말이다. 비슷한 예로 싱가포르, 일본, 중국 등에서 만들어진 영어를 '싱글리시(Singlish)', '재플리시(Japlish)', '칭글리시(Chinglish)' 등으로 부르는 걸 들 수 있다.

한국식 영어는 발음, 어휘, 구문 등에서 다양하게 나타난다. 콩글리시는 한국어에서 구분하지 않는 음을 발음할 때, 즉 [f]와 [th] 또는 [l]과 [r]을 발음할 때 나타나는 한국식 발음을 가리키기도 하고, 한국어 구문 구조에 따라 구성한 영어 구문을 가리키기도 하고, 영어권에서 사용하지 않는 한국식 영어 어휘를 가리키기도 한다.

한국식 영어 어휘는 한국인의 언어 의식을 반영하여 만들기도 하고, 영어 어휘의 일부를 떼어내 만들기도 한다. 한국식 언어 의식에 따라 만든 어휘로는 'a rearview mirror'를 나타내는 '백미러(back mirror)', 'window shopping'을 나타내는 '아이쇼핑(eye shopping)', 'studio apartment'를 나타내는 '오피스텔(officetel)'을 들 수 있다. 영어 어휘의 일부분을 따로 떼어내 만든 어휘로는 'after sales service'를 나타내는 '애프터서비스(after service)', 'illustration'을 나타내는 '일러스트(illust)', 'comment'를 나타내는 '멘트(ment)'를 들 수 있다.

한국식 영어가 만들어지는 것은 한국식 한자가 만들어지는 것과 비교해 볼 수 있다. 우리나라에서 만든 한자로는 '돌'을 적기 위해 만든 한자 '乭', '논'을 적기 위해 만든 한자 '畓(답)', '굴'을 적기 위해 만든 한자 '乣' 등이 있다. 그리고 우리나라에서만 특별한 용법으로 쓴 한자로는 '薑(강, 생강)'을 대신한 '干(간, 생강)', '升(승, 되)'를 대신한 '刀(도, 되)' 등이 있다. 흥미로운 것은 한국에서 만든 한자가 있듯이 일본에서 만든 한자도 있다는 점이다. 의학 용어로 우리에게도 익숙한 '腺(선)', '膣(질)', '膵(췌)' 등은 일본에서 만든 한자로 알려져 있다.

3

그 말이 그렇게 이해되는 이유는 뭘까?

말의 의미화

한 낱말의 의미와 가치는 그와 관련한 낱말들과의 관계 속에서 결정된다. 그러니 한 낱말의 의미와 가치를 알기 위해서는 그 낱말의 관계망을 이해할 필요가 있다. 낱말의 관계망을 통해 한 낱말을 이해하는 것은 세상사의 관계망을 통해 하나의 사건을 이해하는 것과 같은 이치이다.

그런데 위와 같은 낱말의 관계망을 통해서만 낱말의 의미와 가치를 이해할 수 있는 건 아니다. 같은 낱말도 누가 어떤 상황에서 쓰이느냐에 따라 뜻이 달라질 수 있고, 뜻이 달라지면 말하는 이와 말하는 상황에 따라 낱말의 관계망도 달라질 수 있다. 이처럼 낱말의 의미와 가치를 이해하는 데 작용하는 사용 맥락에 말하는 이와 듣는 이의 심리 상태까지 포함된다면, 어떤 낱말의 뜻이 무엇이라고 확정하는 건 사실 무의미할 수 있다. 국어사전에 기록된 정의는 관습적인 맥락에서 쓰이는 관습화된 뜻일 뿐이고, 낱말은 언제나 새로운 상황에 적응하며 자신을 새롭게 의미화하는 것이다.

3부에서는 낱말의 의미화 과정을 살펴보면서, 한 낱말의 의미와 가치를 그 낱말의 관계망과 사용 맥락을 통해 이해할 수 있음을 이야기할 것이다. 이는 결국 우리말 사용자의 경험과 사회적 상호작용이 의미의 변화와 정착 과정에 어떻게 관여하는지를 보여주는 것이다.

간식間食

《표준국어대사전》에서 '간식' 항목을 찾아보면, "끼니와 끼니 사이에 음식을 먹음. 또는 그 음식"이라고 뜻풀이되어 있고, '곁두리', '군음식', '새참'으로 순화하라는 말이 덧붙어 있다. 그런데 문제는 순화어로 제시된 낱말들이 '간식'을 대체할 수 있는 낱말이냐는 것이다. 대체가 쉽지 않을 것이란 건 '곁두리', '군음식', '새참' 등에 대한 사전의 뜻풀이만 봐도 알 수 있다.

곁두리: 농사꾼이나 일꾼들이 끼니 외에 참참이 먹는 음식.
군음식: 끼니 이외에 더 먹는 음식.
새참: 일을 하다가 잠깐 쉬면서 먹는 음식.

'곁두리'와 '새참'은 '끼니 외에 먹는 음식'이라는 점에서 '간식'

과 유사하지만, '농사꾼이나 일꾼' 또는 '일을 하는 중간'이라는 조건이 붙어 있다. 그래서 "아이들 간식"이란 말은 자연스러워도 "아이들 새참"이란 말은 도무지 어색한 것이다.

'군음식'도 '끼니 외에 먹는 음식'인 것은 '간식'과 같지만, '군-'(쓸데없는, 덧붙은)이라는 접두사에서 비롯하는 말맛은 '간식'과 거리감이 있다. 아무래도 '군것질'과 직접 연결되는 '군음식'은 '간식'보다는 '주전부리'에 가깝게 느껴지는 것이다. 이런 이유로 "영양 만점 간식"이란 말은 쓸 수 있어도 "영양 만점 군음식"이란 말을 쓰기는 어렵다. 《고려대한국어대사전》에서는 이런 사용 경향을 반영하여 '군음식'을 "떡이나 과자, 과일 따위의 끼니 외에 먹는 음식"으로 풀이했다.

'간식'은 이미 그것만의 사용 영역이 분명한 낱말로 자리 잡았고, '새참', '곁두리', '군음식' 등도 그렇다. 개념상 유사하니 한자어보다는 고유어를 쓰는 게 낫지 않겠느냐는 권고에 난감해할 수밖에 없는 건 이 때문이다.

감칠맛

기본 맛으로는 '짠맛, 신맛, 단맛, 쓴맛'이 있다. 영양학자들은 여기에 한 가지 맛을 추가하는데, 그 맛을 나타내는 말이 '감칠맛'이다. 《식품과학기술대사전》에서는 '감칠맛'이 독립적인 맛으로 공인되어 일본어의 로마자 표기인 'umami'로 표시한다고 설명한다. 그러나 일반인에게 이 맛의 실체는 불분명하다. '짠맛, 신맛, 단맛, 쓴맛'처럼 특정 사물, 즉 '소금, 식초, 설탕, 씀바귀' 따위와 연결 지어 그 맛을 상상할 수 없기 때문이다. 따라서 '감칠맛'이란 낱말로 나타내는 맛의 개념도 불분명하다.

'감칠맛'은 '감치(다)+ㄹ+맛'의 구성인데, 이는 기본 맛을 나타내는 낱말의 구성인 '짜(다)+ㄴ+맛'과 다르다. 이는 '감친맛'이 아니라 '감칠맛'인 점을 주목한다는 것인데, 이러한 낱말의 구성으로 보면 '감칠맛'은 혀로 느끼는 맛의 감각이 아니라 맛을 느낀 후의 이차적 반응을 표현하는 낱말임을 짐작할 수 있다.

국어사전에선 '감치다'를 형태는 같지만 뜻이 다른 두 개의 낱말로 처리한다. 즉, 국어사전에선 '감치다'를 '감치다1(느낌이 사라지지 않고 감돌다)'과 '감치다2(풀어지지 않게 감아 붙들다)'로 나누는데, '감칠맛'의 '감치다'는 '감치다1'에 해당한다. 그러나 맛의 느낌으로서 '감치다'의 뜻은 이 두 낱말에 걸쳐 있는 듯하다. 이러한 관련성은 국어사전의 서로 다른 풀이, 즉 '그 음식의 맛이 잊히지 않고 입에 계속 감돌다'(《고려대한국어대사전》)와 '음식의 맛이 맛깔스러워 당기다'(《표준국어대사전》)에서 드러난다.

두 사전의 풀이 내용은 '감칠맛'이 '맛있는 맛'에 대한 주관적 반응임을 말해준다. '감칠맛'이 특정한 맛이 아니라 모든 음식의 다양한 맛을 표현하는 데 사용되는 건 이 때문이다. 그러니 '감칠맛'으로 쓰는 순간 그 맛의 개념이 불분명해질 수밖에 없다. 쉬운 말이 반드시 명확한 건 아니다.

개와 개집

“개 식용은 반대하면서 왜 다른 가축을 먹는 건 반대하지 않나요?” 개와 일반 가축이 다르지 않으니 개를 특별히 취급하는 건 문제라는 주장이다. 그러나 가축의 가치는 결국 인간과의 관계 속에서 결정될 수밖에 없는 것. 그런 점을 감안하여 개 식용의 논리를 가다듬다 보면, “식용견과 반려견을 구분해야 한다”는 주장이 나오기도 한다. 그런데 이처럼 개 식용의 논리가 정교해지는 건 역설적으로 개가 일반 가축과 다른 특별한 존재라는 사실을 말해준다. 개의 특별함은 그와 관련한 말에서도 확인할 수 있다.

사람이 생활하기 위해 만든 건물을 ‘집’이라 하지만, ‘집’은 짐승이 들어가 살기 위해 만든 공간을 가리키기도 한다. ‘새집’. ‘개미집’ 등처럼. 그런데 짐승이 들어가 사는 곳이더라도 사람이 그 짐승을 기르기 위해 만든 것이라면, 이것을 가리키는 말로 ‘우리’

나 '장(欌)'을 쓰는 게 일반적이다. '돼지우리'나 '염소 우리', '새장'이나 '닭장' 등처럼. '집'에는 '사는 곳'이란 뜻이, '우리'나 '장'에는 '가둬 기르는 곳'이라는 뜻이 앞서기 때문이다.

그런데 '소, 말, 개'처럼 '우리'나 '장'과는 어울리지 않는, 즉 가둬 기른다고 말하기 어색한 가축이 있다. '외양간, 마구간, 개집'은 이런 가축을 위해 만들어진 말. '소, 말, 개'가 일반 가축과 달리 취급되어 왔음을 이 말들에서 확인할 수 있다. 그런데 흥미로운 건 외양간이나 마구간과 달리 '개집'이란 말에는 '기르기 위한 곳'이라는 뜻도 없다는 점이다. 가둬두는 곳도 기르는 곳도 아닌 '개집'은 개와 인간의 특수한 공생 관계를 보여준다. 그러니 '개 우리'나 '개장'이 부자연스러운 사람에게는 '식용견'이란 말이 불편할 수밖에 없다.

긋다

"어느 날 거리엘 나갔다 비를 만나 지나치던 한 처마 아래 들어섰으려니 / 내 곁에도 역시 나와 한가지로 멀구러미 하늘을 쳐다보고 비를 긋고 섰는 / 사나이가 있어…"(유치환, 〈별〉)

여기에서 '비를 긋고'는 '비를 피하고'와 같은 말이다. 그렇다면 '긋다'는 '피하다'의 뜻을 갖는 낱말일까? 그런데 '긋다'는 다음과 같이 쓰이기도 한다.

"모닥불 앞에 이르니 솔나방 쏟아지는 소리가 장마 긋고 소나기 첫물 하듯 요란스러웠다."(이문구, 〈으악새 우는 사연〉)

여기서 '장마 긋고'는 '장마 그치고'와 같은 말이다. 이때의 '긋다'는 "나는 찻집에 앉아 비가 긋기만 기다렸다"로도 쓰인다.

이를 보면 '긋다'는 '비를 긋다'와 같이 타동사로도 쓰이고, '비가 긋다'와 같이 자동사로도 쓰이는 낱말임을 알 수 있다. 이처럼 자동사와 타동사를 겸하는 동사들이 있는데, "차가 멈추었다"와 "아버지가 자동차를 멈추었다"에서 볼 수 있는 '멈추다'나, "종이 울렸다"와 "선생님이 종을 울렸다"에서 볼 수 있는 '울리다'의 예를 들 수 있다.

그런데 '멈추다'나 '울리다'에서와 달리, 자동사와 타동사를 겸하는 '긋다'의 용법이 어색하게 느껴질 때가 있다. 이는 자동사의 뜻인 '그치다'와 타동사의 뜻인 '피하다' 사이에서 의미적 연관성을 생각하기가 어렵기 때문인 듯하다. 이 때문인지 일상 대화에서는 '긋다'를 쓰기보다 '그치다'나 '피하다'를 쓰게 된다. 이런 상황에서 '긋다'는 문학작품에서 많이 쓰이게 되었다. 일상어에서 밀려나는 어휘가 주는 고급스러운 여운이 있는 것이다.

껍데기와 껍질

'새우 껍데기'와 '새우 껍질' 중에는 어떤 것이 맞는 말일까? 국어사전에 수록된 말이 아니니 '껍데기'와 '껍질'의 사전 정의에 기대어 판단해야 한다. 《표준국어대사전》에서는 '껍데기'를 '달걀이나 조개 따위의 겉을 싸고 있는 단단한 물질'과 '알맹이를 빼내고 겉에 남은 물건'으로, '껍질'을 '물체의 겉을 싸고 있는 단단하지 않은 물질'로 풀이했다. 그런데 문제는 사전을 봐도 선택이 쉽지 않다는 것이다. 사전 정의상의 구분만큼 실제 용법에서의 구분이 명확한 건 아니기 때문이다. 현실에선 '새우 껍데기'만큼 '새우 껍질'도, '귤껍질'만큼 '귤 껍데기'도, '밤 껍데기'만큼 '밤 껍질'도 많이 쓰인다. 게다가 국어사전엔 '조개껍데기'와 '조개껍질' 모두 표준어로 수록되었다. 이쯤 되면 의문이 들 수밖에 없다. "굳이 '껍데기'와 '껍질'을 구분해 쓸 필요가 있을까?"

이런 의문에 봉착한 이들에게 문세영의 《조선어사전》은 흥미로운 사실을 말해준다. 이 사전에선 '껍더기'와 '꺼풀'을 '껍질'과 같은 말로 보고, '껍질'을 다음과 같이 풀이했다.

① 동 · 식물의 거죽을 싼 물건.
② 열매의 거죽을 싼 물건.
③ 모든 물체의 거죽을 싼 물건.

'껍데기'와 '껍질'과 '꺼풀' 사이에 개념적 차이는 없다고 본 것이다. '껍데기'와 '껍질'과 '꺼풀'을 구분하여 기술한 것은《큰 사전》부터다. '독립적인 뜻을 지닌 낱말은 표준어로 인정하여 뜻풀이한다'는 원칙에 따라 낱말의 미세한 의미 차이를 포착하려 한 결과다. 그러나 현실에서 수용된 건 애초 그 용법에서 분명한 차이가 있던 '꺼풀'뿐이다. 사람들의 의식 속에 얽혀 있는 뜻을 사전에서 분리한다고 해서 이에 따라 말의 쓰임이 섬세해지는 건 아니었다. 결국 사전이 현실 언어를 앞설 순 없다.

네와 넵

"요즘 직장에서 급속히 번지고 있는 직업병은 '넵병'이다. '넵병'이란 카카오톡 등 SNS 메신저로 업무 지시가 내려오는 경우가 많아지면서 채팅창에서 '네'가 아닌 '넵'으로 답하는 행동을 말한다." (《뉴스투데이》, 2017.10.16.)

'네'는 주로 '윗사람의 부름에 대답하거나 묻는 말에 긍정하여 대답할 때'나 '윗사람이 부탁하거나 명령하는 말에 동의하여 대답할 때'에 쓰는 말이다. 이와 같은 뜻의 말로 '예'가 있다. '네'나 '예'를 강조해 이르기도 하는데, 그런 강조 표현으로는 '넷, 넵, 옛, 옙'이 있다. 《표준국어대사전》에서 이중 '옛'만 수록한 걸 보면, '넷, 넵, 옙'은 최근에 쓰인 말인 듯하다.

'네'를 강조하는 말들은 '윗사람이 부탁하거나 명령하는 말에 동의하여 대답할 때'에만 쓰인다. "내일까지 보내줘요"란 요청엔 '넵'으로 답하지만, "밥은 먹었니?"라는 물음에 '넵'으로 답하진 않는다. '넷, 옛, 옙'도 마찬가지다.

사전에 수록된 '옛'의 풀이도 그렇다. '옛' 항목엔 "윗사람의 명령이나 요구에 따르겠다는 뜻으로 대답할 때 하는 말"이란 뜻풀이와 "옛, 명령대로 거행하겠습니다"란 용례가 제시되어 있다. 사전의 풀이를 비교해 보면 '옛'은 '네, 예'보다 복종의 뜻이 강조된 말임을 알 수 있다. 이는 '넷, 넵, 옙'의 쓰임에서도 확인할 수 있다. 결국 '넷, 넵, 옛, 옙'으로 강조하려는 것이 '복종'의 뜻인 것이다.

그래서인지 '넵'이란 말을 들으면 상대가 신속하게 지시를 따를 거라는 생각이 든다는 사람도 있다. '넵'과 같은 표현이 일상화된 데는 이런 인식이 한몫했을 터. 그러나 특별한 강조 표현이 강박적으로 쓰이는 건 정상이 아니다. '넵병'은 '병'이다.

늙은이와 어르신

'늙은이'의 사전적 의미는 '나이가 많아 중년이 지난 사람'이다. 어떤 가치 판단도 들어가지 않은 뜻의 말이다. 그러나 현실 언어에서 '늙은이'는 비하의 뜻이 있는 말로 인식된다. 이처럼 '늙은이'를 비하의 뜻으로 받아들이는 건, 세월이 지나면서 '늙은이'라는 말의 가치가 하락한 결과다.

소파 방정환은 어린아이를 인격적으로 존중하는 뜻을 담아 '어린이'라는 말을 만들었다. 어린아이를 이르는 말을, 어른을 이르는 말인 '젊은이, 늙은이'와 같은 형식으로 만듦으로써, 어린아이를 존중하는 분위기를 만들고자 했던 것이다. 이를 뒤집어 보면 '어린이'라는 말이 만들어진 1920년대만 해도, '늙은이'는 '나이 많은 어른'을 이르는 일반적인 말이었다.

'늙은이'라는 말의 가치가 떨어지기 시작한 건 그리 오래된 일이 아니다. 한 배우의 근황을 소개하는 문화면 기사의 제목을 “팬들의 매혹 속에 인기가도 10년, 젊은이 役서 늙은이 役까지도 척척”(《매일경제》, 1969.11.3.)이라 할 정도로, ‘늙은이’는 1970년대까지 가치 중립적인 말로 폭넓게 쓰였다. 그런데 가치 중립적인 표현으로 ‘노인’을 선택하는 빈도가 점점 높아지자, ‘늙은이’란 말은 나이 든 사람을 비하하는 맥락으로 내몰리게 되었다.

‘노인’을 ‘어르신’으로 부르자는 제안이 있었던 건 1997년에 ‘노인의 날’을 제정하면서부터다. ‘남의 아버지를 높이는 말’인 ‘어르신’을 사용함으로써 노인 존중의 분위기를 만들자는 뜻이었으리라. 그런데 ‘어르신’을 모든 노인을 대접하는 말로 굳이 확장해 쓰게 된 건, ‘노인을 대접해 이르던 말’인 ‘영감(님)’의 가치가 하락한 상황과도 관련된다.

한 낱말의 의미와 가치는 그와 관련한 낱말들과의 관계 속에서 결정되기 마련이다.

도련님과 아가씨

일반적으로 시동생을 부를 때는 '도련님', 손아래 시누이를 부를 때는 '아가씨'라 한다. 관계를 지칭하는 말이 아닌 별도의 호칭을 만들어 남편의 동기를 부르고 있는 것이다. 반면, 아내의 동기를 부를 때는 '처남'과 '처제'처럼 관계를 지칭하는 말을 호칭으로도 쓴다. 이러한 호칭 체계의 불균형은 남성 중심 가족 관계에서 비롯된 것이다.

그런데 '도련님'과 '아가씨'는 가족 간 호칭으로 만들어진 말이 아니라, 결혼하지 않은 남자와 여자를 대접해 부르던 말이 가족 간 호칭으로 확대된 것이다. 가족 간 호칭어(할아버지, 할머니, 아저씨, 아주머니)가 가족 이외의 사람에 대한 호칭어로 확대되는 것과는 반대의 경우다. 따라서 이 말에 대한 사회적 인식이 변하게 되면, 이를 가족 간 호칭어로 쓰는 게 적절한지가 논란이 될 수도 있다.

실제, '아가씨'가 높여 부르는 말로서의 기능을 상실한 데 주목한 이는 '시누이'를 '아가씨'라 부르는 것의 적절성에 의문을 표했고, 높임 표현으로서 옛 용법에 주목한 이는 '아가씨'에 스며든 가부장 의식에 거부감을 드러냈다. 더구나 고리타분한듯한 '도련님'은 이젠 부르는 이에게나 불리는 이에게나 부담스러운 말이 되어 버렸다. 그럼에도 지금까지 이를 유지한 건 언어 관습의 힘. 그러나 대중이 그 말에 불편해하니 변화는 시간문제일 듯하다.

그럼 이 호칭 체계는 어떻게 변하게 될까? 예측하긴 쉽지 않지만, 언어의 속성상 호칭어를 새로 만들어 호칭 체계가 복잡해지는 일만은 없을 것이다. 지칭어가 호칭어를 겸하든지, 이름에 '씨'를 붙여 부르는 것이 호칭어를 대신하는 방향으로 바뀔 거라는 뜻. 참고로 북쪽에서는 '시동생'은 '적은이', 손아래 '시누이'는 '누이' 혹은 '동생'으로 부른다. 지칭어를 호칭어 삼는 방식으로서 참고할 만하다.

동성애와 찬성하다

"동성애를 찬성하십니까?"에서 '찬성'은 '어떤 견해나 제안 또는 사회적 행동이 옳거나 좋다고 판단하여 수긍하는 것'을 뜻하는 말이다. '찬성'의 뜻을 고려하면, 이 문장은 문법적으로나 의미적으로나 적절하지 않다. 견해나 제안 또는 사회적 행동에 포함할 수 없는 '동성애'를 찬성할 수는 없으니까. 그런데도 많은 사람들이 이런 질문을 자연스럽게 받아들인다. '찬성하다'란 서술어에 맞춰서 '동성애'를 '동성애자에 대한 차별을 금지하는 것' 혹은 '동성애자들의 결혼을 합법화하는 것' 등으로 해석하기 때문이다.

사실 이런 해석은 문장을 이해하는 한 방식이기도 하다. "어제부터 그 소설을 시작했다"란 불완전한 문장(문법적으로 소설을 시작할 수는 없다!)을 접한 이가 이 문장을 "어제부터 그 소설을 읽는 것을 시작했다"로 해석하는 것처럼. 불완전한 문장으로도 의사소통이 이루어질 수 있는 건 이처럼 맥락에 기대어 문장을 이해할 수 있기 때문이다.

그러나 불완전한 문장을 씀으로써 오해가 생길 수 있다면 이야기는 달라진다. 누군가 "동성애를 찬성하십니까?"를 완전한 문장으로 받아들인다면, '동성애'와 '찬성'의 의미가 변질되며 소통에 문제가 생길 수 있다. '동성애'를 '찬성하다'의 정상적인 목적어로 받아들이게 되면, '동성애'를 사회적 입장이나 선택으로 오해할 수 있다는 것이다.

'이성애'를 사회적 입장이나 선택으로 볼 수 없다면 어휘체계상 그 반의어인 '동성애'도 그렇다. 즉 "이성애를 찬성하십니까?"가 부적절하면, "동성애를 찬성하십니까?"란 문장 역시 부적절한 것이다. 이처럼 맥락이 문장의 불완정성을 보완하지 못하면, 그 문장 표현의 문법적 가능성을 엄격히 따져 써야 한다. 문법의 존재 이유가 여기 있다.

드레스 코드와 표준 옷차림

행사 주최 측으로부터 정장을 착용하라든지, 넥타이를 매고 오라든지, 하얀 와이셔츠를 입으라든지 하는 등의 요구를 받을 때가 있다. 이처럼 모임에서 요구하는 옷차림을 요즘은 '드레스 코드(dress code)'라 한다. 외국어가 자주 쓰이니 순화어가 필요했을 터. '우리말샘'에는 '표준 옷차림'이 순화어로 올라 있다. 그런데 이는 사전에서만 볼 수 있는 말. 실생활에서 이 말을 접하기는 쉽지 않다.

무엇이 문제일까? 문제는 '표준 옷차림'의 '표준'에 있다. 정확히 말하면 '표준'에서 '규범'이나 '준거'를 먼저 떠올리는 선입견이 문제다. 물론 '드레스 코드'가 규정된 옷차림을 뜻하는 말이니 '표준 옷차림'이 원래 말에서 벗어난 건 아니다. 그런데 '표준 옷차림'이란 말을 듣는 순간 평균적인 한국인은 교복을 입던 시절의 복장 규정을 떠올릴 수밖에 없다. 이 말이 회사나 학교의 복장 규정을 가리킬 때나 어울린다는 것이 문제인 것이다.

우리말 순화어를 쓰면 낱말의 의미를 쉽게 유추할 수 있는 장점이 있지만, 낱말에 대한 선입견 때문에 어렵게 만든 말이 활용되지 못할 때가 많다. 그런 점을 고려하면 '드레스 코드'를 그대로 쓰는 게 나을 수도 있다. 낯선 낱말을 접할 때 최소한 선입견은 갖지 않을 테니까.

"동아리 행사 때 드레스 코드 있어요. 청바지에 하얀 운동화랍니다."
"이번 공연에서는 '레드'를 드레스 코드로 정했습니다."
"오늘 대통령과 기업인 '치맥 간담회'… 드레스 코드는 노타이 정장"

그래서일까. 정확성까지는 장담할 순 없어도 '드레스 코드'는 다양한 상황에 두루 쓰인다. 그러나 일반인이 의미를 유추하기 어려운 생소한 말을 그대로 두고 보자는 것을 바람직하다 할 순 없는 일. 그것이 꺼림칙하면 실생활에서 쓰일 만한 말로 '드레스 코드'와의 경쟁 구도를 만들어야 한다. 소통 가능성이 희박한 순화어를 양산하는 것도 언어 오염이다.

외국어를 우리말에 수용하는 방법

외국어를 우리말에 수용하는 것은 번역의 방식으로 이루어진다. 이때 번역은 대체로 세 가지 방향에서 이루어진다.

첫째는 'well being'을 '웰빙'으로 쓰는 것처럼, 외국어 어휘의 음을 우리말 음으로 받아들이는 것, 즉 음역(音譯)의 방식이다. 음역한 외국어가 널리 쓰이면 이를 '외래어'라 하여 '외국어'와 구분한다.

둘째는 'well being'을 '참살이'로 번역하는 것처럼, 외국어 어휘를 우리말로 직역하여 새로운 어휘를 만드는 방식이다. 순화어를 만들 때 가장 많이 적용하는 방식이지만 부자연스러운 순화어를 양산할 수 있다.

셋째는 'circle'을 '동아리'로 번역하는 것처럼, 우리말에 이미 있는 어휘 중 유사한 어휘를 고른 후 이를 외국어의 의미에 맞춰 쓰는 방식이다. 외국어 어휘를 가장 자연스럽게 수용할 수 있는 방식이지만, 외국어 어휘에 대응할 수 있는 적절한 우리말 어휘를 찾아내는 것이 쉽지 않은 일이다.

뜬돈과 뜬벌이

'뜨다'가 포함된 표현에는 불안이 깔려 있다. 나는 스타가 되는 것을 뜻하는 '뜨다'라는 표현에서 추락의 공포를 먼저 느낀다. 그러니 그 태생부터 종잡을 수 없는 '돈'과 '뜨다'가 결합한 표현에서 새로운 불안을 읽는 건 어쩌면 자연스러운 일이다.

'뜬돈'을 《표준국어대사전》에서는 "어쩌다가 우연히 생긴 돈"이라 풀이했다. 이처럼 출처가 불분명한 돈을 손에 쥔 것은 횡재이지만 그건 불안의 시작일 수 있다. 그런데 정체불명의 돈과 이에 대한 불안의 양상이 다양한 만큼 '뜬돈'은 사전의 풀이를 넘어선 의미로 다양한 맥락에서 쓰인다.

"갈 곳 잃어 헤매는 '뜬돈', 또 사상 최대"라는 신문의 표제에서 '뜬돈'은 투기성 자금을 뜻하는 표현으로 쓰였다. "농업분야 국고보조금은 '공돈' '뜬돈'으로 인식됐는지 침 바르고 덤벼든 사람들이 줄줄이 걸려들고 있다고 한다"라는 기사문에서 '뜬돈'은 '공돈'이나 '눈먼 돈'과 같은 말로 쓰이고 있다.

'뜬돈'이 아무리 불안을 상징한다고 해도 그런 불안은 근본을 성찰할 때나 느낄 수 있는 것이다. 보통 사람에게 '뜬돈'은 당장의 행운일 테니까. 그런 점에서 '뜨다'에 깔린 불안은 생업과 연관된 '벌이'와의 결합에서나 실감할 수 있다.

'뜬벌이'는 "고정된 일자리가 아닌 어쩌다 생긴 일자리에서 닥치는 대로 일을 하고 돈 따위를 버는 일"이다. 돈이 생기는 일이되, 돈이 어디서 뚝 떨어지는 게 아니라 일자리가 뚝 떨어져야 돈을 만져볼 수 있는 것이다. 일자리가 '뜬돈' 생기듯 나타나는 상황에서, 하루 벌어 사는 사람은 어떤 희망을 품고 살아야 하나? '뜬벌이'가 많아질수록 사람들은 '뜬돈'을 향한 열망을 키울 수밖에 없다. 그리고 사회는 더 불안해진다.

마인드

'mind'를 영한사전에서 찾아보면 이에 대응하는 번역어로 '마음', '정신' 등이 나와 있다. 그런데 외래어로서 '마인드'가 사용되는 양상을 보면 이러한 번역어와 일치되는 경우가 드물다는 사실을 알 수 있다. 예를 들어, "경기 침체는 투자 마인드를 위축시킬 우려가 있다"에서의 '마인드'를 '마음'이나 '정신'으로 교체할 수 없는 것이다. 이럴 경우 다른 대응어를 찾게 되는데, 이때 '심리'가 선택될 수 있다. '투자'와 '심리', '심리'와 '위축시키다'가 서로 자연스럽게 호응하기 때문이다.

그러면 "개혁에 대한 마인드가 서지 않으면 정치의 발전이란 있을 수 없다"에서의 '마인드'는 '심리'로 교체할 수 있을까? '심리'로 교체하면 서술어 '서다'와의 호응이 어색해질 뿐만 아니라 의미도 제대로 전달하기 어려워진다. '개혁 마인드가 부족하다',

'경영 마인드를 갖추다', '환경 마인드가 자리잡다', '문화 마인드가 있다' 등의 표현은 또 어떤가? '마인드'는 '마음'과 '정신'뿐만 아니라 '심리'로도 대체할 수 없는 의미를 띠고 있다.

'개혁, 경영, 환경, 문화'의 꾸밈을 받고, '부족하다, 갖추다, 자리잡다, 있다' 등의 서술어와 호응하는 '마인드'는 이미 원어인 영어의 영향권을 벗어나 우리말 환경 속에서 스스로 사용 영역을 확장하고 있다. 《고려대한국어대사전》에서 '마인드'를 "어떤 개념에 대한 심적인 의욕이나 경향. 또는 그것에 대한 주의력이나 인지도(認知度)"로 정의한 것은 외래어로서 '마인드'의 용법을 고려한 결과일 것이다.

이처럼 외래어가 우리말 환경 속에서 사용 영역을 확장하게 되면, 이에 대응하는 순화어를 제시하는 것이 어려워질 수 있다. 외래어의 사용 영역이 확장되는 것에 따라 그에 대응하는 순화어의 사용 영역이 확장되는 건 아니기 때문이다. 그렇다면 외래어의 사용 영역에 따라 순화어를 계속 만들어야 할까? 그러나 순화어를 여러 개 만들어야 할 만큼 외래어의 사용 영역이 확장되었다는 건 그 외래어가 우리말에 완전히 정착되었다는 뜻. 이는 곧 순화어의 임무가 종료되었다는 뜻이기도 하다.

바보

'바보'는 '어리석고 아둔한 사람'을 가리키는 말이다. 이 말의 어원은 확실하지 않지만, '바보'와 비슷한 말(반편, 반편이, 칠푼이, 팔푼이, 팔불출)이 대부분 '보통사람에 비해 모자람'을 나타내는 걸 볼 때, '바보' 또한 그러한 뜻의 말에서 비롯한 것으로 추정할 수는 있다. 그런데 '바보'는 그와 비슷한 뜻의 다른 말에 비해 조롱과 비난의 정도가 약하다. 이는 '바보'란 낱말이 쓰인 맥락의 영향 때문인 듯하다.

7080세대에게 깊은 인상을 남겼던 영화, 〈바보들의 행진〉과 〈바보 선언〉. 풍자와 자조가 섞인 블랙 코미디의 맥락 안에서 '바보'는 새로운 의미로 다가왔다. 영화가 그리는 세상이 온전한 정신으로는 제대로 살 수 없는 세상임을 알기에, 사람들은 영화 제목의 '바보'를 조롱과 비난의 뜻으로 읽지 않았던 것이다. '바보'

는 '그'이면서 '나'이기도 했으니까.

조롱과 비난에서 벗어난 '바보'는 '우공(愚公)'을 달리 부르는 말이기도 했다. '우공이산(愚公移山)'이란 고사의 '우공'은 김수환과 노무현으로 다시 태어났고, 우리는 그들을 스스럼없이 '바보'라 불렀다. 바보 김수환, 바보 노무현.

'바보'란 말이 쓰이는 맥락이 다양해지자, '바보'가 포함된 말에서의 연상도 다채로워졌다. '바보상자'와 '글바보'에는 어리석고 아둔해지는 것에 대한 경계심이 느껴지지만, '아들바보'와 '딸바보'에는 주체하지 못할 정도로 넘치는 사랑이 느껴진다. '글바보'와 다른 느낌의 말, '영화 바보'와 '책 바보'는 어떤가. '그것밖에 모르는 것'이 흉이 되지 않는 세상임을 이 말에서 확인할 수 있다.

쓰이는 맥락이 달라지면 말의 느낌이 달라진다. 느낌이 달라지면 그 뜻도 변할 수 있는 것이다.

바보의 어원

'바보'라는 낱말은 《한영자전》(1897)에 처음 등장하는 것으로 봐서 19세기 이후에 등장한 말로 추정된다. '울보, 잠보, 느림보, 떡보…' 등의 낱말 구성과 연관 지어 보면, '바보'는 "'바'의 특성을 지닌 사람(보)"이란 뜻의 말에서 비롯했다고 할 수 있다. 이때 '바'를 무엇으로 보느냐에 따라 '바보'의 어원에 대한 견해가 나뉜다. '바'에 대해서는 세 가지 설이 있다. 첫째는 '바'를 '밥'의 변형으로 보는 견해다. '밥보'가 '바보'가 되었다는 견해는 형태 변화 과정을 자연스럽게 설명할 수 있는 장점이 있지만, '밥을 많이 먹는 사람'과 '지능이 부족한 사람'을 연결하는 것이 타당한지에 대해서는 논란이 있을 수 있다.

둘째는 '바'를 "사물에 어둡고 인격을 갖추지 못한 사람"을 가리키는 말인 '바사기'의 약칭으로 보는 견해다. '바사기'는 '팔삭이(八朔-)'에서 온 말인데, '모자라다'는 뜻의 '바보'와 의미상 가까워 설득력이 있지만, 왜 '바사기'의 '바'를 분리해 낱말을 구성했는지에 대해서는 설명이 더 필요하다.

셋째는 '바'를 '반절'이란 뜻의 '반(半)'으로 보는 견해다. '반보'가 '바보'가 되었다는 설명은 '바보'와 비슷한 말인 '반편(半偏)'과 연결 지을 수 있다는 점에서 설득력이 있으나, '반보'에서 '바보'로의 형태 변화를 설명하고, 한자어와 '-보'가 결합한 구성을 가정해야 하는 부담이 있다.

방금과 금방

"텔레비전 위에 누군가가 (방금 / 금방) 물걸레질을 한 흔적이 역력했다."
"손님이 찾는 그 사람은 (방금 / 금방) 나갔는데요."

이 문장들에서 '방금'과 '금방'은 '말하고 있는 시점보다 바로 조금 전에'의 뜻으로 쓰였다. 두 낱말의 원어는 '方今'과 '今方'이지만, 같은 한자를 순서를 바꿨을 뿐이니, 같은 뜻으로 쓰이는 게 자연스러운 면이 있다. 게다가 두 낱말에 대한 《표준국어대사전》의 풀이도 거의 같다. 그렇다면 두 낱말은 같은 말이라고 할 수 있을까? 물론 비슷한 말이긴 하지만 완전히 같은 말은 아니다.

"(방금 / 금방) 올 테니 가지 말고 기다리세요."

이 문장에서 괄호 안에 적절한 말은 뭘까? 앞에서와 달리 이 때는 '금방(今方)'이 자연스럽다. 사람들은 '금방'을 과거나 미래의 일을 나타내는 데에 자연스럽게 쓰면서도, '방금'을 미래의 일을 나타내는 데에 쓰는 걸 어색해하는 것이다. 그러나 《표준국어대사전》에선 이 경우에도 '방금'이 쓰일 수 있다고 한다. '방금'의 뜻을 '말하는 시점으로부터 바로 조금 후에'라고 정의한 것이다. 더구나 "관수나 석이가 방금이라도 덤벼들어 품에 든 돈을 뺏을 것만 같다"(박경리, 《토지》)라는 용법이 분명하니 사전의 풀이를 부정하기는 어렵다.

"(방금 / 금방)도 비행기가 폭음을 내며 날아가고 있다."

이 문장에서 괄호 안에 적절한 말은 뭘까? 《표준국어대사전》의 정의에 따르면 '방금'이 맞다. 즉, '말하고 있는 시점과 같은 때'의 뜻인 '방금'이 '날아가고 있다'란 진행의 표현과 호응할 수 있다. 그런데 '날아가고 있다'란 표현에 주목한 사람들은 두 낱말보다는 '지금'으로 써야 하지 않겠느냐는 생각을 할 것이다. '방금'과 '금방' 모두 어색한 것이다.

《표준국어대사전》의 풀이는 실제 사용례에 근거하고 있어 부정하기 어렵지만, 현재 한국인의 언어 감각이 이와 달라졌다는 것 또한 부정하기 어려운 사실이다. 언어 현실에서 '방금'과 '금방'의 차이가 점점 분명해지고 있는 것이다. 《고려대한국어대사전》에선 이러한 변화를 반영하여, '금방'은 말하고 있는 때를 기준으로 '바로 조금 전'과 '바로 조금 후'를 나타내는 말로, '방금'은 '바로 이제'를 나타내는 말로 정의했다.

말의 느낌이 달라진다는 건 말의 의미가 변할 징조다. 그러니 말의 느낌에 예민하게 반응할 수 있는 사람만이 유능한 사전편찬자가 될 수 있다.

보수保守와 수구守舊

'보수(保守)'는 근대 초 일본에서 'conservative'의 번역어로 채택한 말이다. '보수'가 등장하기 전에는 'conservative'의 번역어로 '수구(守舊)'라는 말이 쓰였다. '수구'가 처음 등재된 사전은 중국에서 발행한 로브샤이트의 《영화자전(英華字典)》이다. 이 사전에서는 '수구'라는 대역어 아래 '수구법자(守舊法者)', '수구지리(守舊之理)' 등을 제시했는데, 이는 '보수주의자', '보수의 원리' 등과 같은 말이다. 그렇다면 '수구'라는 낱말이 쓰이고 있었음에도 왜 굳이 그와 비슷한 의미의 '보수'를 따로 만들어 쓰게 되었을까? '보수'라는 말이 만들어진 이유는 '보수'의 등장 이후 '수구'와 '보수'가 쓰이는 맥락을 통해 짐작할 수 있다. 이 당시 한중일 세 나라에서 '수구'는 봉건적 문화와 제도를 고수하는 경향을 나타내는 데 주로 쓰이고, '보수'는 서구의 정치 이념을 가리키는

데 쓰였던 것이다.

19세기 말의 신문에서 '수구당(守舊黨)' 혹은 '수구파(守舊派)'는 개화와 개혁에 반대하는 기득권 세력을 가리키는 말로 쓰인 반면, '보수당(保守黨)' 혹은 '보수파(保守派)'는 서구 정치 제도 내의 정당이나 세력을 가리키는 말로 쓰였다. '보수'가 정치 용어로서 '진보'의 상대어로 쓰였다면, '수구'는 '개화'에 반대하는 현실 대응 방식을 가리키는 말로 쓰였던 것이다. '개화한 생각'과 '수구한 생각'이란 표현이 자연스럽게 쓰인 것도 이 때문이다.

'수구'와 '보수'가 이러한 의미와 용법으로 쓰이게 되면서, '수구'에는 '퇴행'의 의미만 남게 되었다. '수구 보수'라는 익숙한 듯 어색한 표현에서 우리는 쪼그라질 대로 쪼그라진 '수구'의 의미를 목도한다.

블라인드 채용

"'블라인드 채용'은 '(정보) 가림 채용' 외에 '능력 중심 채용', '능력 위주 채용' 등의 다듬은 말도 논의되었으나, 순화 대상어의 어감을 나타내는 데에 부족함이 있어 최종적인 다듬은 말에서는 제외했다."(《뉴스1》, 2017.12.26.)

'블라인드 채용'은 '선발 과정의 공정성을 확보하기 위해 응시자의 개인 정보를 배제하고 진행하는 채용 방식'을 가리키는 말이다. 이 말이 순화 대상어가 된 것은 '블라인드(blind)'라는 영어 때문. 외래어로서 '블라인드'는 '눈가리개'나 '해가리개'를 뜻하지만, '블라인드 채용'에서의 '블라인드'는 '블라인드 마케팅'이나 '블라인드 테스트'에서의 '블라인드'에 가깝다. '블라인드 채용'을 '정보 가림 채용'이라 다듬은 것은 이를 고려한 것이리라.

그렇다면 '정보 가림'은 채용이라는 맥락에 쓰인 '블라인드'의 어감을 제대로 나타낸 순화어일 터. 그런데 '정보 가림'은 '깜깜이'로도 이해될 수 있어 문제인데, 실제 '블라인드 채용'은 '깜깜이 채용'으로 불리기도 한다.

'블라인드 채용'은 학력이나 출신지 등 편견을 부추길 수 있는 정보를 배제하고 능력 중심으로 인재를 채용하겠다는 의지를 표현한 말이다. 그런데 '블라인드'와 '정보 가림'은 이러한 취지를 온전히 담기엔 부족하다. '무엇을 보느냐'를 드러내기보다 '정보를 보지 않음'을 강조하는 말이기 때문이다. 그런 점에서 '블라인드 채용'의 순화어로 '능력 중심 채용'과 '능력 위주 채용'을 배제한 결정은 아쉽다. 편견은 정보를 가림으로써 없어지는 게 아니라 편견에 의해 보지 못했던 것을 보려 함으로써 없어지는 게 아닐까.

순화어를 만들 때 순화 대상어의 어감을 나타내는 건 중요하지만, 경우에 따라선 그것이 가리키는 바를 어떤 말로 의미화할지도 고민해야 한다. '블라인드'란 말에 매몰되지 말고 '블라인드'로 표현하고자 했던 애초의 문제의식에 주목해야 한다는 말이다.

뼈, 뼈다귀, 뼉다구, 뼉다귀

'뼈다귀'는 '뼈의 낱개'를 이르는 말이면서, '뼈'를 낮잡아 이르는 말이기도 하다. 국어사전에서 '뼈다귀'를 이처럼 두 개의 뜻으로 풀이한 것은 '뼈다귀'가 주로 동물의 뼈를 이르는 말로 쓰이기 때문이다. '닭 뼈다귀, 돼지 뼈다귀, 소 뼈다귀' 등과 같은 표현은 자연스러워도 '사람 뼈다귀'란 표현을 어색하게 느끼는 건 이 때문이다. 다만 "그 아인 너무 말라서 뼈다귀만 남은 거 같다"에서처럼 사람에 대해 말하는 상황에서 '뼈다귀'를 쓸 때가 간혹 있는데, 이 경우가 바로 뼈를 낮잡아 이르는 예인 것이다.

실제 언어생활에서 '뼈다귀'는 '뼈다구, 뼉다구, 뼉다귀' 등 다양한 형태로 쓰인다. 그러나 우리말 규범상 '뼈다귀'만 표준어로 인정받고 나머지 형태들은 모두 방언으로 취급된다. 그런데 문제는 사용 영역에 따라 낱말의 형태가 달라진다는 점이다. 즉 '뼈의 날개'란 뜻으로 쓰일 때보다 '뼈를 낮잡아 이르는 말'로 쓰일 때 '뼈다구, 뻭다구, 뼈다귀' 등의 사용 빈도가 높아진다. 아무래도 비속어를 쓰는 상황에서는 표준어를 써야 한다는 의식이 희미해지기 때문일 것이다.

특히 "이건 또 어디서 굴러먹다 온 개뼈다귀야?"에서처럼 '개뼈다귀'를 '별 볼 일 없으면서 끼어드는 사람을 경멸하는 태도로 속되게 이르는 말'로 쓰는 상황에선 비표준어를 사용하는 빈도가 더 높아진다. 웹 검색을 해 보면 위와 유사한 문장에선 '개뻭다구'나 '개뻭다귀'가 압도적으로 쓰임을 확인할 수 있다.

실상이 이렇다면 사용 영역에 따라 낱말의 형태가 달라지는 양상을 국어사전에 반영할 필요가 있겠다. 국어사전의 수준은 낱말의 사용 환경과 맥락을 얼마나 정교하게 구분해 설명하느냐에 따라 결정된다.

생生

접두사 '생(生)-'과 결합하는 명사가 다양하다 보니 결합하는 명사에 따라 '생-'의 의미가 달라진다. '생쌀'에선 '가열하여 익히지 않은'의 뜻으로 쓰였다면 '생나무'에선 '마르지 않은'의 뜻으로 쓰였다. 한자 '生'의 뜻을 고려하면 이 두 가지 뜻이 이 접두사의 기본 의미라 할 수 있다. 그런데 새로운 문물이 들어오고 기술이 발달하면서 '생-'의 의미가 더 확장되기도 한다. 생맥주, 생고기, 생음악 등은 근대에 일본에서 만들어져 우리말에 들어온 낱말들이다. 이 낱말들은 '맥주'가 들어오고, 냉동 기술과 녹음 기술이 발달하면서 만들어졌을 것이다.

새로운 영역의 명사가 결합하면 '생-'의 뜻 또한 새로운 영역에 맞춰 확장된다. '생가슴', '생고생', '생지옥' 등에서 '생'과 결합하는 '가슴, 고생, 지옥'은 앞서 나온 '쌀, 나무, 김치, 맥주, 고기, 음악' 등과는 전혀 다른 영역의 명사인데, 이에 따라 '생-'의 의미 또한 앞선 '생-'의 의미와는 차원이 달라진다. 그러나 영역의 특성상 '생-'의 뜻은 맥락으로부터 영향을 많이 받게 된다.

국어사전을 보면, '생-'은 '생고생'에선 '공연한'의 뜻을, '생사람'에선 '엉뚱한'의 뜻을, '생고집'에선 '억지스러운'의 뜻을, '생난리'에선 '심한'의 뜻을, '생이별'에선 '뜻밖의'의 뜻을, '생지옥'에선 '지독한'의 뜻을 더하는 것으로 풀이하고 있다. 뒤에 나오는 말에 따라 '생-'이 의미화되는 것이다.

맥락의 영향을 배제한 상태에서 그 말의 원뜻을 찾는 시도가 허망한 결과로 이어지는 건 이 때문이다. 의미는 결국 맥락에서 나온다.

선글라스와 색안경

태양의 계절이다. 자외선이 강한 요즘 외출할 때 챙기는 것 중 하나가 '선글라스(sunglasses)'다. '선글라스'와 같은 뜻으로 쓰이는 말은 여러 개인데, 시대에 따라 그리고 쓰는 맥락에 따라 선택되는 말이 다르다.

1950~1960년대엔 '라이방'이란 말이 많이 쓰였다. '라이방'은 제품명인 '레이밴(Ray Ban)'에서 온 말로, 당시 '선글라스'를 가리키는 보통명사로 쓰였다. 인천상륙작전을 지휘했던 맥아더 장군이 레이밴의 '선글라스'를 썼다 하니, '라이방'이 유행한 정황을 짐작할 수 있을 터. 이제 '라이방'은 옛 시절을 회상하는 맥락에서나 쓰이는 말이 되었다.

'선글라스'의 번역어로는 '검은 안경'과 '색안경'이 있다. '선글라스'의 색이 대체로 검고 짙던 시절엔 '검은 안경'이란 말이 제법 쓰였다. '선글라스'의 색채가 다양해져서 그런지 언제부턴가 '검은 안경'은 '눈을 가리는 용도'의 '선글라스'를 특별히 가리키는 말로 쓰인다.

'색안경(色眼鏡)'은 근대 초기 일본에서 만들어져 한국과 중국에 전파된 말이다. 중국에선 이를 흑경(黑鏡)과 태양경(太陽鏡)으로 대체했지만, 한국에선 '색안경'이 지금까지 널리 쓰인다. 그런데 '색안경을 쓰다'에서 곧바로 '선글라스를 쓰다'를 떠올리는 사람은 드물다. 이 말이 '선글라스'를 가리키기보다 '편견을 가지다'란 뜻의 관용표현에 쓰일 때가 더 많기 때문이다. '색안경'이 익숙했음에도 '라이방'이나 '선글라스'란 말을 굳이 썼던 건 이 때문일 게다.

흥미로운 건 한국과 일본뿐만 아니라 중국에서조차 '편견을 가지다'란 뜻의 관용표현에 '색안경'을 쓴다는 사실이다. '색안경'을 받아들일 때 '색안경'의 관용적 용법도 함께 받아들인 결과일 것이다.

수우미양가

우리의 교육 현실을 비판하는 글에서 많이 인용되는 책이 한동일 신부의 《라틴어 수업》이다. 관심을 받은 부분은 라틴어에서 성적을 표시하는 말에 대한 것. 라틴어 '숨마 쿰 라우데 / 마그나 쿰 라우데 / 쿰 라우데 / 베네'는 성적의 등급을 나타내는 말인데, 이는 우리말로 '최우등 / 우수 / 우등 / 좋음 · 잘했음'이라 한다. 이를 인용한 이들은 한결같이 평가가 긍정적인 표현으로 이루어졌다는 데 감탄한다. 저자 말대로 이러한 평가 어휘는 "잘한다 / 보통이다 / 못한다 식의 단정적이고 닫힌 구분이 아니라, '잘한다'라는 연속적인 스펙트럼 속에 학생을 놓고 앞으로의 가능성을 열어두는" 것이니, 서열화에 익숙한 우리 교육 현실에서 시사하는 바가 클 수밖에 없었으리라.

그러나 우리에게 익숙한 성적 평가 어휘인 '수(秀) / 우(優) /

미(美) / 양(良) / 가(可)'도 남부럽지 않게 긍정적인 말이다. 가장 낮은 성적이 '옳거나 좋음'을 뜻하는 '가'이니, 말 그대로만 보면, '잘한다'라는 연속적인 스펙트럼 속에 학생을 놓고 앞으로의 가능성을 열어두고 있는 것이다. 그런데 우리가 이 말을 허무하게 느끼는 건, 다섯 등급으로 나뉜 성적 어휘장의 위계 속에서 '수, 우, 미, 양, 가'의 뜻을 생각할 수밖에 없다는 걸 알기 때문이다. 그래서일까? 노골적으로 1~9등급으로 나누는 요즘의 성적 평가가 담백하게 느껴지기도 한다.

어휘장을 이루고 있는 낱말의 의미는 그 어휘장 속 다른 낱말과의 관계 속에서 결정된다. 그렇다면 어떤 말로 성적의 등급을 표현하는지는 사실 중요하지 않은 문제일 수 있다. 열린 표현인 '수, 우, 미, 양, 가'를 단정적이고 닫힌 말로 만든 건 우리 사회였으니. 결국 바꿔야 하는 건 성적의 등급을 가리키는 말이 아니라, 성적의 등급으로 누군가를 단정하려 드는 서열화된 사회인 것이다.

어휘장

어휘장 이론에서는 어휘의 의미가 개별적이고 고립적으로 규정되는 것이 아니라 어휘장 내 인접 어휘들의 의미에 의해 규정된다고 본다. 그렇다면 '빨강', '노랑', '파랑' 등 색채어의 의미는 '초록(草綠)', '주황(朱黃)' 등의 한자어를 색채의 어휘장에 포함할 때와 포함하지 않을 때가 다를 수밖에 없다. '파랑'의 의미는 '초록'과 '파랑'으로 나뉘게 되고, '빨강'의 의미는 '주황'과 '빨강'으로, '노랑'의 의미는 '주황'과 '노랑'으로 나뉘게 되기 때문이다. 개념의 장을 나타내는 어휘장이 정교하면 그 어휘장에 포함된 개별 어휘의 의미는 좁아지고, 어휘장이 간단하면 개별 어휘의 의미는 넓어지게 되는 것이다. 언어의 차이를 떠나 인간은 보편적인 개념의 장을 가지고 있지만, 이 개념의 장에서 실현되는 어휘장은 언어에 따라 다르다. 따라서 어휘장의 차이는 해당 언어공동체의 사회문화적 특징을 나타내는 징표가 된다. 이런 점에서 보면, '언어가 민족의 정신'이라는 명제는 이러한 어휘장 이론을 통해 구체화되었다고 할 수 있다.

한국어의 조리용어를 보면 '물'을 매개로 하는 조리방식을 가리키는 말이 발달한 반면, 영어는 '불'을 매개로 하는 조리방식을 가리키는 말이 발달했다. 한국어 조리용어인 '끓이다, 삶다, 데치다, 조리다, 고다, 달이다'에 영어 어휘를 빠짐없이 연결할 수 없고, 영어 조리용어인 'broil, roast, grill, barbecue, bake'에 한국어 어휘를 빠짐없이 연결할 수 없는 것은 두 언어의 어휘장이 다르기 때문인 것이다.

시크하다

새말은 한때 널리 쓰이다가 사라지기도 하지만 사라질 듯했던 말이 세월이 지난 후 다시 유행하기도 한다. 요즘 널리 쓰이는 '시크(chic)'가 그렇다. 이 말은 1920~1930년대에 꽤 널리 쓰였지만 이후엔 패션 분야에서만 제한적으로 쓰였다. 1994년에 여성 패션지 《쉬크(chic)》가 창간될 때만 해도 대중들은 이 말을 낯설어했다.

그런데 1930년대에 '쉬크'는 '모던'과 더불어 유행의 첨단을 걷는 이들을 가리키는 말로 쓰였다. 당시 신문에 게재된 '신어해설'을 보면 '쉬크'는 '모던'과는 다른 경향을 나타내는 말이었다.

"불어의 Chic인데 요사이 항용 쓰는 데는 여기에 영어의 Girl, Boy를 부치어 Chic girl이니 Chic boy니 한다. 쉬-크라는 말은 쉽게 말하면 멋쟁이 하이칼라란 뜻이다. 그러나 그대로 외형만 멋쟁이인 것이 아니라 시대정신을 잘 이해하고 유행의 첨단을 걷는 데 아모 빈틈없는 짜장 근대인에게 적절한 형용사이다. '모보, 모껄'이 엉터리없이 내면이 빈약함에 반하여 쉬-크뽀이, 쉬-크걸은 훌륭한 신사숙녀이라 하는 것이 쉬-크 찬미자의 말이다."(《동아일보》, 1931.4.13.)

위 기사를 보면 진정한 멋쟁이가 되고 싶었던 근대인들이 '쉬크'란 말의 유행을 이끈 듯하다. 생각 없이 멋만 내는 사람들까지 '모던 보이, 모던 걸'로 불리었으니, 지적이고자 했던 멋쟁이들에게 '모던'이란 말은 성에 차지 않았을 것이다. 그리고 "시대정신을 잘 이해하고 유행의 첨단을 걷는 데 빈틈없는 진짜 근대인"을 표현할 말로 '쉬크'를 선택했던 것. 그렇다면 '쉬크'의 유행이 시들해진 건 '모던 보이'와 '모던 걸'의 쓰임이 시들해진 상황과 관련된다고 볼 수 있다.

요즘 유행하는 '시크'는 '무심하고 도도함'을 뜻한다. '지적이고 세련된 근대인'이 '무심하고 도도한 현대인'으로 다시 태어난 것이다.

신소리와 흰소리

"그는 술에 취하면 언제나 (신소리, 흰소리)를 늘어놓는다."

이 문장에서 괄호 안에 쓸 수 있는 말은 뭘까? 국어사전의 풀이를 기준으로 하면 '흰소리'가 적절하다. '희떠운 말', 즉 '과장된 말'에서 비롯한 '흰소리'는 '술에 취하면'이라는 조건과도 잘 어울리고, '늘어놓다'란 서술어와도 잘 어울리기 때문이다. 《표준국어대사전》에는 '흰소리'를 "터무니없이 자랑으로 떠벌리거나 거드럭거리며 허풍을 떠는 말"로 풀이했다.

그럼 '신소리'는 무슨 뜻일까? 사전에선 '신소리'를 "상대편의 말을 슬쩍 받아 엉뚱한 말로 재치 있게 넘기는 말"로 풀이하면서, "구경꾼들은 신소리를 해 대며 웃었다"란 예문을 제시했다. 그런데 현실에선 '신소리'를 '흰소리'에 가까운 뜻으로 쓰는 경우가 많다. "공연한 신소리 말아. 조선 사람 일본 가봐야 곡갱이질 밖엔 할 기이 없다 카더라. 니 어무니가 돈 내서 공부시켜준다믄 몰라도"(박경리, 《토지》)에서처럼. 문맥상 여기에서의 '신소리'는 '실상이 없는, 즉 터무니없는 말'을 뜻한다.

'신소리'와 '흰소리'의 경계가 불분명하게 된 건, '엉뚱한 말로 재치 있게 넘기는 말'이란 것이, "'고맙습니다' 하는 말에 '곰 왔으면 총 놓게요'"(《큰 사전》)에서처럼, 터무니없는 말일 때가 많기 때문인 듯하다. '터무니없다'는 뜻을 고리로 '신소리'와 '흰소리'가 연결되어 있으니, "그는 술에 취하면 언제나 신소리를 늘어놓는다"처럼 쓰지 못할 이유는 없을 터.

'터무니없는 말'이 '우스갯소리'가 될 수 있으면, '우스갯소리'는 '허튼소리'로 여겨질 수도 있다. 그러니 '신소리'와 '흰소리'가 뒤섞여 쓰이는 맥락에 '헌소리'와 '헛소리'까지 가세하는 것이 이해 못 할 일은 아니다.

씨氏

대통령의 부인을 가리키거나 부를 때 이름 뒤에 '씨'를 붙여 말하는 건 무례한 걸까? 일상 대화 상황이었다면 그럴 것이다. 그러나 공식적 · 사무적인 자리나 다수의 독자를 대상으로 하는 글에서라면 이야기가 달라진다.

공식적 · 사무적인 자리에서라면 호칭 즉 직접 부르는 말이 아닌 이상 '씨'는 어떤 사람을 대접하거나 높이는 말로 쓸 수 있다. 다수의 독자를 대상으로 하는 글에서 누군가를 가리킬 때는 높이는 말로서 '씨'의 위상이 좀 더 분명해진다. 신문기사에서라면 어떤 사람을 대접하거나 높여 가리킬 때 이름에 '씨'를 붙이는 걸로 충분하다는 말이다. 다만 그 사람을 명확히 가리키려 할 때는 '김수지 과장'처럼 이름 뒤에 직책 이름을 대신 붙일 수 있고, 특별한 직책이 없을 땐 '회사원 김수지 씨'처럼 이름 앞에 그 사람을 설명하는 말을 붙일 수 있다.

호칭이 아닌 지칭의 말로서 '씨'의 뜻과 용법이 이렇게 분명하다면, 신문기사에서 대통령의 부인을 가리키는 말로 '씨'를 쓴 것은 논란을 벌일 일이 아니다. 이미 대부분의 신문에서는 대통령의 어머니를 이를 때 "문재인 대통령의 어머니 강한옥 씨"라 하고, 대부분의 사람들은 이 표현을 자연스럽게 받아들인다. 그렇다면 "문재인 대통령의 부인 김정숙 씨"가 높임의 표현으로서 문제될 건 없다.

대통령의 가족을 '영부인(令夫人)', '영애(令愛)', '영식(令息)' 등으로 이르던 때가 있었다. 같은 시대를 사는 인물을 이처럼 현실과 동떨어진 말로 높여 이르는 건 권위주의적 높임 방식의 전형이다. 권위주의가 퇴색하는 흐름 속에서 '영부인'은 '여사'로 바뀌었고 '영애'와 '영식'은 죽은 말이 되었다. 그런데 주의할 건 가리키는 말이 '영부인'을 쓰지 않는 쪽으로 변한 것이지 '여사'라는 표현으로 귀결된 건 아니라는 사실이다.

두 말이 모두 높임 표현으로 문제될 게 없다면, 공식 매체에서 대통령의 부인을 가리킬 때 '여사'를 쓸지 '씨'를 쓸지는 쓰는 쪽에서 선택할 문제인 것이다.

아무나

"성공 관심없어!… 나는 '아무나'가 되련다."

"전 '아무나'로 사는 지금의 제 삶이 꽤 만족스러워요."(《한국일보》, 2018.1.6.)

이 두 문장에서 '아무나'는 명사로 쓰였다. 인칭대명사 '아무'에 '나'라는 조사가 붙은 구성이 하나의 명사로 새롭게 태어난 것이다. 명사로서 '아무나'의 용법은 낯설지만, 문법을 거스른 이 표현에서 우리는 신선함과 심오함을 느낀다.

인칭대명사 '아무'는 '어떤 사람을 특별히 정하지 않고 이르는 말'이다. 그런데 '아무'에 조사 '도'가 붙으면 부정의 뜻을 가진 말이 뒤따르지만, '나'가 붙으면 긍정의 뜻을 가진 말이 뒤따른다. "아무도 모른다"와 "아무나 안다"의 쓰임처럼, 또는 "아무도 오지 마라"와 "아무나 와도 된다"의 쓰임처럼. 이처럼 어떤 조사가 붙느냐에 따라 뒤따르는 말의 성격이 달라지다 보니, '아무'와 조사의 결합 구성이 부정 혹은 긍정의 뜻을 지닌 의미 단위처럼 느껴질 수 있다. '아무'와 '도'의 결합체인 '아무도'는 '사람이 전혀 없음'이라는 부정의 의미로, '아무'와 '나'의 결합체인 '아무나'는 '사람을 모두 포괄함'이라는 긍정의 의미로 읽힐 수 있는 것이다. 명사 '아무나'는 이런 용법에 기대어 만들어진 듯하다.

'아무나가 되다'나 '아무나로 살다'에서 명사 '아무나'는 '특별한 자격이나 조건으로 제한되지 않은 사람'을 뜻한다. 이 말로 나타낼 수 있는 사람에 제한이 없기 때문에 '아무나'가 될 수 있는 자격이나 조건도 없다. 현재 상태의 우리 모두가 '아무나'인 것이다. 경쟁에 지친 한국 사회, '나아져야 한다는' 그리고 '남과 달라야 한다는' 강박에서 벗어나려는 몸부림 끝에 명사 '아무나'가 만들어진 건 아닐까.

아저씨

뜻이 하나인 낱말도 자주 쓰이다 보면 이런저런 언어 환경의 영향으로 의미가 확장된다. 이렇게 되면 확장된 의미와 원래의 의미를 구별하기 어려울 수도 있고, 확장된 의미가 원래의 의미처럼 행세할 수도 있다. 그런 말 중 하나가 '아저씨'다.

《큰 사전》에는 '아저씨'가 "부모와 한 항렬되는 사내"로 풀이되어 있다. 그런데 《새우리말 큰 사전》(1974)에 뜻 하나가 추가된다. "친척 관계가 없는 부모와 같은 또래의 '젊은 남자'에 대하여 주로 어린이들이 정답게 부르는 말." '아저씨'의 의미가 친족 명칭의 경계를 넘어선 것이다. 그 이후 사전에선 '어린아이의 말'과 '젊은'이란 설명이 빠진다. 결국 《고려대한국어대사전》에는 "혈연관계가 없는 남자 어른을 친근하게 이르는 말"이 '아저씨'의 첫 번째 뜻으로 기록되기에 이른다. '아저씨'가 나이든 남자를 예사로이 부르는 말로 자리를 잡은 것이다. 이런 상황에서 '아저씨'는 실질적으로 친족명에서 이탈한다. 아저씨를 '당숙'으로 부르다 보니 나이 차가 적은 아저씨를 부르는 말인 '아재'도 자리를 잃었다.

친족명에서 이탈한 '아저씨'의 추락은 가파르다. 이젠 남자 어른을 '아저씨'로 부르는 것조차 망설여지고, '아재'는 '아재 개그'나 '아재 취향' 등의 말 속에서나 찾을 수 있다. '나이 들고 뒤떨어지고 뻔뻔한 남자'의 의미에까지 근접하는 '아저씨'의 추락 속도는 그 대응어인 '아주머니'와 '아줌마'를 앞지른다. 이 상황에서 등장한 '개저씨(몰지각한 아저씨)'. 그렇다면 이제 '아저씨'는 부정적 의미를 '개저씨'에게 넘길 수 있을까? 그러나 '개저씨'를 부름말로 쓸 수는 없으니 '아저씨'는 당분간 지금의 '아저씨'일 수밖에 없다.

여성女性과 지방地方

'배꼽티'는 '배꼽이 보일 정도로 아래의 길이가 짧은 티셔츠'를 가리키는 말이다. 이 말을 처음 듣는 사람도 '배꼽티'가 '배꼽을 가리는 티셔츠'라고는 생각하지 않는다. 티셔츠가 대부분 배꼽을 가리는 형태라면, '배꼽을 가리는 티셔츠'는 그냥 '티' 혹은 '티셔츠'라 하면 그만이란 걸 알기 때문이다. 그럼 '목티'와 '발목양말'은 무슨 뜻일까? '티셔츠'와 '양말'의 일반적인 형태를 생각해 보면 답이 나올 거다. '목티'는 '목을 감싸는 티셔츠'일 것이고, '발목양말'은 '발목을 감싸지 않는 양말'일 것이다.

이처럼 유별나거나 특별한 것을 가리키는 낱말이 많아지는 건 그만큼 사람들의 취향이 다양해졌기 때문이다. 그러나 무언가를 구별하려는 의도에서 만들어진 말은 자칫하면 차별의 말이 될 수 있다. '여성'과 '지방'처럼 사회성을 띠는 낱말이 포함된 말일 수록 그렇다.

'여성 대통령', '여성 장관', '여성 의원' 등의 말이 쓰인다는 건 현실 정치에서 여성의 역할이 제한되어 온 현실을 보여준다. '여성 장관'에 대응하는 '남성 장관'이란 말이 쓰이지 않는 현실에서 '여성 장관'은 차별의 말인 것이다. 그런 점에서 '여성 배우'와 '여성 장관'이란 말의 사회적 의미는 다르다. '여성 배우'는 '남성 배우'와 함께 '배우'를 구별하여 가리키는 말로 쓰이고 있기 때문이다.

'지방대학'과 '지방정부'의 경우도 마찬가지다. '중앙정부'에 대응하는 말인 '지방정부'는 서울을 포함한 전 지역의 지방 자치 단체를 가리킨다. 그러나 '지방대학'에 대응하는 보통명사 '중앙대학'이 없는 현실에서, '지방대학'이란 말에는 '서울에 있는 대학'과 '서울 아닌 곳에 있는 대학' 간의 차별 의식만 웅크리고 있다.

▷ 유표성(53쪽)

영화와 활동사진

'영화'라는 낱말이 일반화되기 전에 '영화'를 가리키는 말은 '활동사진'이었다. '활동사진'은 일본에서 만들어져 들어온 말인데, '영화'를 가리키는 여러 영어 낱말 중 'motion picture'를 번역한 말일 것이다. 이미 'photograph'를 번역한 '사진(寫眞)'이란 말이 있었으니, '사진'이라는 말 앞에 '움직인다'는 뜻의 '활동(活動)'을 붙여 '활동사진'을 만든 것은 자연스러운 선택으로 보인다. 이처럼 영화라는 새로운 문물을 가리키기 위해 '활동사진'이란 새말을 만든 것은 당시 사람들이 영화의 어떤 특성에 주목했는지를 잘 보여준다.

'활동사진'이 널리 쓰이던 때 '영화(映畫)'라는 말이 만들어져 함께 쓰이게 되었다. '활동사진'과 '영화'는 같은 대상을 가리키는 말이었지만, '활동사진'은 영화의 '움직임'이란 특성에 주목한 말이었고, '영화'는 '영사막에서의 재현'이란 특성에 주목한 말이었다. '활동사진'과 '영화'가 비슷한 말로 함께 쓰이는 상황에서 두 낱말의 경쟁은 피할 수 없었을 터. 그런데 새로운 형식의 영화가 출현하자 유의 관계에 있던 '활동사진'과 '영화'는 그 의미를 조정하며 공존을 모색하게 되었다. 즉 무성영화(無聲映畫)의 시대에 유성영화(有聲映畫)가 출현하자, 먼저 들어온 '활동사진'은 무성영화를 뜻하는 말로, 나중에 들어온 '영화'는 유성영화를 뜻하는 말로 자리를 잡게 된 것이다. 그러나 무성영화의 시대가 저물면서 '활동사진'이란 말도 자연스럽게 소멸되었다.

허밀링(K. Hemeling)의 《관화(官話)영중사전》(1916)에는 'movie'가 등재되어 있지 않지만 'Kinematograph'의 번역어로 '활동전영기(活動電影機)'를 제시했다. 이를 볼 때 중국에선 영화를 가리키는 말로 '활동전영(活動電影)'을 쓰다가 이를 줄인 말 '전영(電影)'이 오늘날로 이어진 것으로 짐작된다.

오징어와 낙지

평창 동계올림픽 기간 동안 남북이 만나면서 일어났던 일은 사소한 것까지 화제가 되었다. 남북의 어휘 차이와 관련하여 임종석 대통령 비서실장과 북측 대표단의 김여정 특사가 주고받은 말도 사람들의 입에 많이 오르내렸다. "남북 말은 어느 정도 차이가 있어도 알아들을 수 있는데 오징어와 낙지 뜻은 남북이 정반대더라"는 임종석 실장의 말에 김여정 특사는 "그것부터 통일을 해야겠다"며 웃었다고 한다.

이 기사를 접한 한 지인이 내게 물었다. "그럼 북쪽에서는 '오징어'를 '낙지'라고 하고 '낙지'는 '오징어'라고 하는 건가요?" 나는 앞부분은 맞는 말이지만 뒷부분은 틀린 말이라 대답했다. 그리고 남쪽에서 말하는 '오징어'와 '낙지'가 북쪽에서는 모두 '낙지'로 불린다는 설명을 덧붙였다.

북쪽에서는 문어과나 오징엇과의 연체동물을 이를 때, 뼈가 있는 것을 '오징어'라 하고 뼈가 없는 것은 '낙지'라 한다. 그런데 북쪽에서 두 개의 낱말, 즉 '오징어'와 '낙지'로 구분해 부르는 연체동물을 남쪽에서는 네 개의 낱말, 즉 갑오징어(참오징어), 오징어, 한치, 낙지로 구분해 부른다. 북쪽의 분류 기준에 따르면 뼈처럼 생긴 두꺼운 석회질이 들어 있는 '갑오징어(참오징어)'만 '오징어'이고, '오징어', '한치', '낙지'는 모두 '낙지'인 것이다.

이를 보면 남북의 말에서 '오징어'와 '낙지'가 정반대의 뜻으로 쓰인 게 아니라 각 낱말의 의미 폭에서 차이가 있는 것임을 알 수 있다. 남쪽의 말에선 '오징어'의 의미 폭이 넓고 '낙지'의 의미 폭이 좁은 반면, 북쪽의 말에선 '오징어'의 의미 폭이 좁고, '낙지'의 의미 폭이 넓은 것이다. 남북의 차이는 언뜻 보면 크지만 알고 보면 생각보다 크지 않다.

올림과 드림

"편지를 쓸 때마다 마지막에 '아무개 올림'이라고 써야 할지 '아무개 드림'이라 써야 할지 망설여져요." 이런 고민을 토로하는 사람이 많다. 나는 그런 사람들에게 '올림'과 '드림'이 모두 상대를 높이는 표현이라고 말하지만, 내 말이 그들의 고민을 해결해 주는 것 같지는 않다. 그들이라고 '올림'과 '드림'이 모두 상대를 높이는 표현임을 모르는 건 아니기 때문이다.

표준 화법(국립국어원)을 보면 윗사람에게 편지를 쓸 때는 '아무개 올림'과 '아무개 드림'을, 동료에게 보낼 때는 '아무개 드림'을, 아랫사람에게는 '아무개 씀'을 쓰게 돼 있다. '올림'과 '드림'이 모두 편지 받는 상대를 높이는 표현임을 권위 있는 기관에서 보증하는 셈이다. 그럼에도 두 낱말 사이를 오가는 망설임은 사라지지 않는다. '드림'을 동료에게도 쓸 수 있다는 게 마음에 걸

리기 때문이다.

윗사람과 동료에게 두루 쓸 수 있는 표현으로는 공손함을 보이지 못할까 봐 걱정하는 사람이 선택할 수 있는 길은 하나뿐. 편지 받는 상대를 높일 때는 무조건 '올림'을 쓰는 것이다. 그럼 '드림' 쓰기를 망설였던 이들의 고민이 해결될까? 그러나 이들 중에는 부모와 스승에게 보내는 편지가 아닌 이상 '올림'을 쓰는 걸 불편해하는 사람이 많다. '올림'이 환기하는 서열 의식이 부담스러운 것이다.

이처럼 언어적 서열화에 집착하면서도 과도한 서열 의식에 불편해하는 모순에서 나는 서열 문화의 뿌리 깊음과 그것의 붕괴 조짐을 함께 느낀다. 결국 서열 의식은 점점 희미해질 것이고, 그에 따라 '올림'과 '드림' 사이의 망설임도 사라질 것이다. 수평적 문화에선 '드림'처럼 두루 쓸 수 있는 높임 표현이 세력을 넓힐 테니.

전환轉換과 환수還收

"전시작전통제권(전작권) '전환'이 돌연 '환수'로 둔갑했다. 문재인 대통령의 말 때문이다. 통수권자의 발언에 감히 토를 달 수 없는 국방부는 벙어리 냉가슴만 앓고 있다."(《한국일보》, 2017.10.14.)

대통령이 공식 용어인 '전작권 전환'을 두고 굳이 '전작권 환수'란 표현을 써서 혼란이 생겼음을 지적한 기사다. 과연 그럴까?

'전환'은 '다른 방향이나 상태로 바뀌거나 바꿈'의 뜻을 지닌 말이다. '전환'의 뜻이 이러니 '전작권 전환'이란 표현에선 '전작권이 바뀌다'는 뜻만 드러나고 전작권 전환 과정에 관계하는 주체들의 관점이 드러나지 않는다. '전환' 과정에 관계하는 주체들의 관점은 '환수', '이양'. '반환' 등과 같은 낱말로 나타낼 수 있다. 이는 '부동산 매매' 과정에 관계하는 주체들의 관점을 '매수',

'매도' 등의 낱말로 나타내는 것과 마찬가지다. 따라서 '전작권 전환'이란 용어가 '전작권 이양', '전작권 환수', '전작권 반환' 등과 공존하는 것은 용어 체계상 자연스럽고 당연하다.

전작권 전환의 역사는 한국전쟁으로 거슬러 올라간다.《한국민족문화대백과》에 따르면 1950년 7월 14일자로 이승만 대통령이 작전 지휘의 일원화와 효율적인 전쟁 지도를 위해 유엔군사령관에게 보낸 서한을 통하여 국군의 작전지휘권(작전통제권)을 이양했다고 한다. 그 당시 '전작권 전환'은 우리의 관점에서 '전작권 이양'이었던 것이다. 시작이 이렇다면 현재 전작권 전환이 필요하다고 보건 불필요하다고 보건 이 논의에서 사용할 수 있는 용어의 체계는 명확하다. '전작권 전환' 논의에서 한국은 이양했던 전작권을 '환수'하는 절차가 남은 것이고, 미국은 이양받았던 전작권을 '반환'하는 절차가 남은 것이다.

어떤 처지에서 사태를 보느냐에 따라 쓰는 말이 달라진다.

우연찮다

'우연찮다'는 '우연(偶然)+하+-지+아니+하(다)'에서 비롯한 '우연하지 않다'가 준 형태이다. 따라서 '우연찮다'는 '우연하다'를 부정한 표현이라 할 수 있을 것이다. 그런데 '우연찮다'가 '우연하다'를 부정하는 뜻으로 쓰이는 건 아니다. 즉 "우연찮게 그를 길에서 만났다"라는 문장을 '그를 길에서 만난 게 우연이 아니었다'고 해석해서는 안 된다는 말이다. 오히려 '우연찮다'는 '우연하다'에 가깝다. 부정 표현에서 긍정 표현으로 의미가 역이동한 셈이다. 이렇게 복합 구성의 의미가 변하면 이는 하나의 낱말로 사전에 실리기 마련. 《표준국어대사전》에서는 '우연찮다'를 올림말로 삼으면서, '꼭 우연한 것은 아니나 뜻하지도 아니하다'로 정의했다.

사전의 정의대로면 "우연찮게 그를 길에서 만났다"라는 문장에는 '그를 의도적으로 만난 건 아니니 우연이랄 수 있지만, 결과적으로 보면 우연으로만 볼 수 없다'는 뜻이 담겼다고 할 수 있을 터. 이런 표현에는 우연한 일을 그저 우연한 것으로만 보지 않는 의식이 반영되었다. '우연히 길에서 만난 그'가 '내가 평소 소식을 궁금해하던 그'이거나 '내가 애써 찾으려 한 그'였다면, 그를 길에서 만난 건 우연이지만 나는 그 만남을 우연이 아니라고 생각할 수 있는 것이다.

이처럼 그를 만난 사건에 의미를 부여하게 되면, "우연히 그를 길에서 만났다"는 문장은 사건의 의미를 표현하는 데 부족할 수밖에 없다. '우연히'를 '우연찮게'로 바꾼 것은 그 부족함을 채우기 위한 문체적 선택이라고 할 수 있다. 그런데 문체적 선택이 왜 굳이 부정 표현이었을까? 부정 표현의 해석 가능성을 염두에 두었을 터. '미워하지 않다'가 곧 '좋아하다'로 귀결되지 않듯이, '우연하지 않다'가 '필연적이다'나 '의도적이다'로 귀결되어야 하는 건 아니니까. 《큰 사전》에 '우연찮다'가 실리지 않은 걸 보면 이러한 표현이 굳어진 건 그리 오래되지 않은 일인 듯하다.

정훈政訓과 정훈精訓

"사상과 이념무장을 강조했던 시절 '정치훈련(政治訓練)'의 약어로 만들어진 '정훈(政訓)' 병과를 '공보정훈(公報精訓)' 병과로 바꾼다. '공보' 표현을 넣어 국민과의 소통 의지를 강조한 것이다. 또 '정치'를 떠올리게 하는 정(政)자를 정신을 뜻하는 정(精)자로 교체해 군 내부적인 정치적 중립 의지를 반영했다."(《한국일보》, 2018.11.12.)

국방부가 병과 명칭을 개정하기로 했다는 기사의 한 부분이다. 명칭 개정의 취지는 시대변화에 맞지 않는 구시대적 명칭을 개선하고, 현재 수행 중인 병과의 임무를 정확히 표현하기 위한 것. '헌병'을 '군사경찰'로 바꾼 것이 그 취지를 잘 드러내는 사례라 할 수 있다. 그런 취지를 염두에 두면, 위의 내용에는 고개가 갸

웃해질 수밖에 없다. '정훈(政訓)'을 '정훈(精訓)'으로 바꾸는 것은 명칭 개정 취지와 상관이 없어 보이기 때문이다.

한자를 혼용하여 문서를 쓸 게 아니라면, 동일한 음의 한자로 명칭을 바꾸는 건 무의미한 일이다. 어떤 이름을 접할 때 그것의 한자를 연상하는 사람이 거의 없다는 게 현실이기 때문. 더구나 보통의 한국인 중 기존의 '정훈'을 접하면서 '정치훈련'과 '政訓'을 떠올릴 사람은 얼마나 되겠는가.

이러한 문제는 전문용어를 만드는 것과 관련지어 생각할 수 있다. '국제표준화기구(ISO)'에서 전문용어를 만드는 원칙으로 가장 강조하는 것은 '동기화(動機化)' 즉 '투명성'의 원칙이다. 전문용어가 가리키는 개념을 해당 용어를 구성하는 낱말을 통해 쉽게 유추할 수 있도록 배려하라는 뜻. '군사'와 '경찰'을 통해 그 임무를 짐작할 수 있게 하는 용어 '군사경찰'은 '동기화' 즉 '투명성'의 원칙에 부합한 명칭이다. 시대에 맞는 표현인지의 판단 기준은 그 시대 보통 사람의 언어 감각이다.

짠내

'달다', '시다', '짜다' 등 맛을 나타내는 말은 냄새를 나타내는 낱말을 만드는 데 쓰이기도 한다. 맛과 냄새의 감각이 밀접히 연결되어 있어서 그런지 맛을 표현하는 말로 냄새를 표현하는 게 자연스럽다.

"감주 끓이는 구수한 단내가 풍겨 나고 있었다"에서 '단내'는 '달다'와 '냄새'로 이루어진 낱말로 '달콤한 냄새'를 뜻한다. '달다'와 '냄새'가 결합하여 '단내'를 만드는 것처럼 '시다'와 '짜다'도 '냄새'와 결합하여 '신내'와 '짠내'를 만들 수 있다. 그런데 맛을 나타내는 말과 '냄새'가 여러 뜻으로 쓰이는 만큼 '단내, 신내, 짠내'의 의미 폭도 넓다. 요즘 부쩍 많이 쓰이는 '짠내'는 '소금 냄새와 같은 짠 냄새'의 뜻으로만 쓰이는 게 아니다.

"젊은 시절 아버지는 정말 짠내 나게 돈을 벌었다"나 "그는 짠내 풀풀 나는 직장인들의 현실을 사실감 있게 연기했다"에서 '짠내'는 어떤 뜻으로 쓰였을까? 나는 이 말에서 '고단한 삶과 고된 노동에서 비롯된 땀의 냄새'를 먼저 떠올렸다. '짠내'에서 '땀내'를 떠올렸던 것이다. 그런데 젊은 세대는 '짠내'에서 '애처롭게 눈물 흘리는 상황'을 먼저 떠올린다. '짠내가 난다'는 표현을 '눈물이 난다'로 이해하는 것이다. '짠내 나는 멜로드라마'나 '짠내 나는 짝사랑'이란 표현에서 세대 간 언어 감각의 차이를 가늠할 수 있다.

세대 간 언어 감각의 차이를 고려하더라도 이해할 수 없는 대목은 있다. 사람들은 '눈물'에서 '짜다'는 떠올려도 '냄새'를 떠올리진 않는다. 그런데 왜 '눈물 나는 짝사랑'을 '짠내 나는 짝사랑'이라 했을까? 그래서 이런 생각을 해 보았다. '눈물'과 '짜다'를 관련짓는다면, '짠내 나는 짝사랑'보다 '짠맛 나는 짝사랑'이 더 적절할 거라는 생각을…. 그러나 곧바로 생각을 바꿀 수밖에 없었다. 공감하여 흘리는 눈물이라면 혼자 느끼는 '짠맛'보다 여럿이 함께 느낄 수 있는 '짠내'가 더 어울릴 것이기 때문에….

언어 현상의 저변에는 논리를 뛰어넘는 의식의 흐름이 있다.

페미니스트와 미망인

'페미니스트(feminist)'를 '여자에게 친절한 남자를 비유적으로 이르는 말'로 정의한 《표준국어대사전》의 내용을 수정해 달라는 요구가 있었다. 이유는 이러한 정의가 페미니스트에 대한 오해를 불러일으키고 성차별을 조장한다는 것.

《표준국어대사전》에서는 '페미니스트'를 다음과 같이 정의하고 있다. "①페미니즘을 따르거나 주장하는 사람 ②예전에, 여자에게 친절한 남자를 비유적으로 이르는 말" 사전 정의를 볼 때, 수정 요구를 받아들인다면 성평등 의식에 반하는 ②의 뜻을 사전에서 삭제해야 할 것이다.

그러나 말의 쓰임을 기술하는 사전의 기본 목적을 생각하면, 사전의 정의를 성평등 의식에 걸맞게 바꿔야 한다는 주장에 선뜻 동의하기는 어렵다. "팔레비 전 이란 왕은 여성을 존중하고 보호하는 페미니스트로 알려져 있다"(《고려대한국어대사전》)라는 용례가 있는데도 ①의 뜻만 제시했다면 이를 좋은 사전으로 볼 수 없기 때문이다. 국어사전에서는 '페미니스트'의 원뜻을 정의하는 것만큼, 한국 사회에서 '페미니스트'란 낱말을 이해하고 유통해 온 양상을 보이는 것도 중요하다. 그래서 원뜻과 달리 쓰인 용례를 접할 때, 사전편찬자는 이를 어떻게 처리해야 할지를 고민하게 된다.

'미망인(未亡人)'처럼 원뜻에 대한 사회적 논란이 있는 경우 고민은 더 깊어진다. '아직 따라 죽지 못한 사람'이란 성차별적 원뜻을 사전에 남겨야 하나? '전쟁미망인'란 표현이 널리 쓰이는 현실을 반영하여 '남편이 죽은 여성을 대접하여 가리키는 말'이라는 뜻을 추가해야 하나? 유능한 사전편찬자는 원 의미와 변이 의미를 제시하면서 이 말에 대한 거부감도 덧붙일 것이다. 결국 사전 편찬은 말을 부려 써온 과정을 되짚는 일일 수밖에 없다.

표와 촛불

선거에서 '표'는 유권자의 의사를 표현하는 도구지만, 후보자에게 '표'는 잡아야 할 목표이자 유권자 그 자체다. "젊은 표를 잡기 위한 공약을 내놓다"나 "아직 마음을 정하지 못해 움직이는 표가 많다"는 표현에서 그런 인식을 확인할 수 있다.

이처럼 '도구'를 나타내는 말로 '그 도구를 지닌 사람'을 비유하는 용법은 특정 상황에서 '안경 쓴 사람'을 '안경'으로, '운전자'를 '차량 이름'으로 부르는 것과 같다. 그래서 이런 비유적 의미는 대부분 국어사전의 뜻풀이에서 배제되기 마련이다. 그러나 이와 같은 표현이 일반화되어 새로운 표현을 파생하게 되면 상황이 달라진다. '표'에서 파생된 '표심'이 널리 쓰이자, 《고려대한국어대사전》에서는 이를 "유권자의 마음을 비유적으로 이르는 말"로 풀이했다. 이미 국어사전에서도 '표'를 '유권자'로 읽고 있는 것이다.

'촛불'도 그런 변화를 겪고 있는 말이다. '촛불집회'란 말에서 '촛불'은 '촛불을 든 사람'을 비유하는 의미로 쓰인다. 그런데 '촛불집회'란 말이 처음 등장했을 때만 해도 '촛불'은 '촛불을 든 사람'보다 '초에 켠 불'이라는 도구의 의미로 먼저 읽혔다. '촛불'에서 '집회에 참가한 사람'이란 뜻을 먼저 떠올리게 된 것은 '촛불집회'와 '촛불시위'가 거듭되면서부터다. '촛불집회'의 신기원을 이룬 2016년엔 '촛불민심', '촛불시민', '촛불혁명'이란 말이 등장했다. 새로운 표현이 등장하면서 '촛불'에는 '어떤 의지를 공유하는 사람 또는 그 의지'란 뜻까지 덧붙었다. 그런 뜻을 담은 '촛불'은 이제 "대통령의 퇴진을 요구하는 촛불이 오늘도 켜졌다", "촛불들의 염원", "1000만 촛불의 뜻을 받들겠다" 등으로도 쓰인다.

한글과 한국어

"우리 아이에게 예쁜 한글 이름을 지어 주세요"에서의 '한글 이름'과 "트럼프, 협정문에 적힌 본인 한글 이름 보더니…"에서의 '한글 이름'은 같은 뜻이 아니다. 앞의 것은 '한국어로 지은 이름'을, 뒤의 것은 '한글로 써 놓은 이름'을 뜻한다.

《표준국어대사전》에서는 '한글'을 "우리나라 고유 문자의 이름"으로 정의했다. 이처럼 '한글'을 문자의 이름으로 규정한 국어사전에 따르면, '예쁜 한글 이름'은 적절치 않은 표현이다. 그러나 '한글'을 이런 식으로 쓰는 건 흔한 일이다. "한글 어휘력이 풍부할수록 외국어 어휘의 의미를 쉽게 파악할 수 있다"에서부터 "우리가 태어나서 처음으로 듣고 말하고 쓰고 읽었던 한글은 우리의 모어다"까지. '한글'과 '한국어', 즉 '문자'와 '언어'를 구분하라는 가르침이 무색하게, '한글'을 '한국어'의 뜻으로 쓰는 일이 계속되는 것이다.

따지고 보면 '한글'을 문자의 이름으로만 좁게 정의한 게 문제였다. '한글'은 '대한제국의 글 또는 문자'라는 뜻으로 사용되던 '한문(韓文)'의 '문(文)'을 '글'로 풀어쓴 말이다. 처음부터 '한글'은 문자 이상의 뜻을 함의하는 낱말이었던 것이다. '한문(韓文)'에 대응할 만한 낱말, '영문(英文)'의 정의를 보면 문제가 분명해진다. 《표준국어대사전》에선 '영문'을 "①영어로 쓴 글 ②=영문자"로 정의했다. '영문'의 ①번 뜻을 '한글'에 적용하면 어떻게 될까? '한글'의 뜻은 '한국어로 쓴 글'로 확장되고, '한글'과 '한국어'의 간극은 그만큼 줄어들 것이다.

국어사전의 뜻풀이가 결국 대중의 언어 사용 양상을 수렴한 것이라면, '한국어'라 할 맥락에서 스스럼없이 '한글'이라 하는 대중의 언어 의식은 존중될 필요가 있다.

행여나와 혹시나

낱말의 뜻을 정확히 알지 못하고는 제대로 된 언어생활을 할 수 없다는 말에 이의를 제기할 사람은 없다. 그런데 낱말의 정확한 뜻이 무엇인지에 대해서는 생각이 다를 수 있다. 어떤 낱말의 정확한 뜻을 따질 때 해당 낱말의 원 뜻을 중시할 수도 있지만, 현재 통용되는 현실 의미를 중시할 수도 있다.

"치료에 (행여나 / 혹시나) 도움이 될까 하여 이 약을 보낸다."

괄호 안 두 낱말 중 무엇을 써야 할까? 두 낱말의 기원이 '幸여나'와 '或是나'임을 의식하는 사람이라면, '행여나'든 '혹시나'든 별 차이가 없다는 말에 거부감을 가질 것이다. 그러나 어떤 낱말을 쓰든 틀린 건 아니니 그 차이를 보란 듯 설명하는 건 쉽지 않다. 그러나 다음 예에서는 이들의 논리가 분명해질 것이다.

"(행여나 / 혹시나) 내가 잠이 들거든 바로 깨워라."
"(행여나 / 혹시나) 무슨 사고라도 생겼는지 걱정이 되었다."

'행여나'의 행(幸)에는 행복과 행운의 의미가 있는데, 이 말을 '잠이 들지 않기를 바라지만 잠이 든 상황'과 '사고가 나지 않기를 바라지만 사고가 난 상황'을 가정하는 데 쓸 수는 없지 않은가? 그런데도 국어사전은 이들의 편이 아니다.

"그들은 행여나 늦을세라 서둘러 출발했다."(《표준국어대사전》)
"어머니는 자식들이 행여나 다칠세라 늘 마음을 졸이셨다."(《고려대한국어대사전》)

국어사전 편찬자는 언어의 변화를 경계하면서도 언어의 변화 추이에 민감하게 반응한다. 그러니 사전의 풀이가 고정될 수는 없는 노릇. 그래서 이런 설명이 덧붙기도 한다. "'혹시나'와 '행여나'는 대체로 긍정적이거나 부정적인 데 동일하게 쓰이지만, '행여나'의 경우는 '바라건대'라는 화자나 주체의 바람이라는 뜻이 덧대어 있다."(《고려대한국어대사전》)

4

그 말은 왜 그렇게 써야만 할까?

규범의 존재 의미

언어 규범은 왜 필요한 것일까? 무난한 답변은 "혼란 없는 언어생활을 하기 위해서"이다. 그런데 문제는 '혼란 없는'의 의미를 사람마다 달리 생각할 수 있다는 것이다. 어떤 사람은 단일한 규범이 흔들림 없이 유지되는 상황을, 또 어떤 사람은 의사소통이 큰 무리 없이 이루어지는 상황을 떠올릴 수 있다. 그러니 사람에 따라 언어 규범의 존재 의미를 달리 생각할 수 있을 터.

그러나 '혼란 없는 언어생활'이 '원활한 의사소통'을 지향하는 것이라면, 언어 규범의 역할은 '의사소통이 무리 없이 이루어지도록 조정하는 것'일 수밖에 없다. 이러한 점 때문에 언어 규범은 언어 관습을 의식하게 된다. 언어 관습을 의식한다는 건 곧 그 말을 써온 사람을 중심에 놓고 규범을 생각한다는 것이다. 언어 사용자를 고려하지 않는 규범은 그 존재 자체가 혼란과 갈등의 원인이 될 수밖에 없지 않겠는가.

사람들이 자주 틀리는 말에는 틀리는 이유가 있다. 규범이 있음에도 틀린 말이 양산된다는 건 곧 해당 언어 규범의 수명이 다했음을 알리는 신호다. 4부에서는 자주 틀리는 말들을 중심으로 틀리는 이유 혹은 틀린 말을 쓰는 이유를 살펴볼 것이다. 이러한 시도는 규범에 맞는 표현을 찾는 것이기도 하고, 해당 규범의 효용성을 점검하며 새로운 규범을 모색하는 것이기도 하고, 틀린 표현을 하는 사람들의 언어 의식을 살펴 언어 이해의 지평을 넓히는 것이기도 하다.

건넛방과 건넌방

"(건넛마을 / 건넌마을)에서 닭 울음소리가 들렸다."

이 문장에서 괄호에 들어갈 말은? 답은 '건넛마을'이다. '건넌마을'은 '건넛마을'을 소리 나는 대로 쓴 오류 표기다. 북쪽의 《조선말대사전》에선 사이시옷을 인정하지 않는 규범에 따라 '건너마을'을 표준으로 하면서도 '건넌마을'을 관용으로 인정한다. '건너마을'과 '건넌마을'을 같은 말로 보는 것이다.

"(건넛방 / 건넌방)에서 아버지의 기침 소리가 들린다."

이 문장에서 괄호에 들어갈 말은? '건넛방'과 '건넌방' 모두 맞다. '건넛마을'을 '건넌마을'로 발음하는 것과 달리 '건넛방'은

'건넌방'으로 발음할 수 없다. '건넌방'은 '건넛방'을 소리 나는 대로 쓴 오류 표기로 보기 어렵다는 말이다. 이런 점을 감안하여, 《표준국어대사전》에서는 '건넌방'을 '안방에서 대청을 건너 맞은편에 있는 방'으로, '건넛방'은 '건너편에 있는 방'으로 풀이했다. 이들을 서로 다른 말로 본 것이다. 반면 《조선말대사전》에선 '건너방'과 '건넌방'을 같은 말로 설명한다.

"나는 그를 (오랫동안 / 오랜동안) 만나지 못했다."

이 문장에서 괄호에 들어갈 말은? 답은 '오랫동안'이다. 발음 조건상 '오랫동안'과 '오랜동안'도 '건넛방'과 '건넌방'처럼 서로 다른 말이 아닐까 생각할 수도 있겠지만, '오랜동안'은 '오랜만(오래간만)'에 이끌린 오류일 뿐이다. 북쪽에서도 '오래동안'만을 인정한다.

사이시옷 표기 문제가 복잡하다 보니 사이시옷 규정은 실효성을 의심받곤 한다. 여기에 '건넛방'과 '건넌방'의 구분에서 비롯한 혼란까지 추가되면 의심은 확신에 가까워진다. 혼란에 연루된 규정을 선뜻 소통을 위한 약속으로 받아들일 수 없는 것이다.

▷ 사잇소리 현상과 사이시옷 표기(300쪽)

그러다와 그렇다

"당신 혼자 결정하다니, (그러는 / 그리는) 법이 어디 있어요?"

이 문장에서 괄호 안에 들어갈 말은? '그러는'이다. 답을 선택할 때 주저한 사람은 없었을 거다. '혼자 결정하다'란 동작을 대용하는 동사가 '그리다'가 아닌 '그러다'임을 알기 때문.

"밥을 먹었다. (그러고 나서 / 그리고 나서) 회사에 갔다."

그럼 이 문장에서 괄호 안에 들어갈 말은? '그러고 나서'가 맞는 말. 이유는 앞에서와 같다. 그런데 이 질문엔 '그리고 나서'를 선택한 사람이 많을 것이다. 단순히 보면 접속부사인 '그리고'와 헷갈린 탓이겠지만, 이러한 오류를 역사적 관점에서 설명할 수도 있다.

《표준국어대사전》에선 '그러다'를 '그리하다'의 준말로 본다. 그런데 역사적으론 '그리ᄒᆞ다'가 '그리다'로 준 형태가 쓰이기도 했으니, 경우에 따라 '그러다'가 아닌 '그리다'에 끌릴 수도 있을 터. 《큰 사전》에선 '그리다'를 '그러다'가 변한 말로 설명하면서, 두 낱말을 동의어로 처리했다. '그러다'를 일반 형태로 보면서, '그리다'의 쓰임도 인정한 것. 이런 관점은 북쪽의 《조선말대사전》에서도 확인할 수 있다.

"사람을 바꿔라. (그러지 않으면 / 그렇지 않으면) 실패할 것이다."

그럼 이 문장에서 괄호 안에 들어갈 말은? 앞에서와 같은 이유로, '그러지 않으면'이 맞는 말이다. '그렇지 않으면'을 고른 사람은 아마 '그렇지 않으면'을 '그렇게 하지 않으면'과 같은 뜻으로 생각했을 수 있다. 그러나 '그렇게 하다'는 '그러다'의 뜻을 나타내는 말이니, '그렇지 않으면'은 '그렇다'처럼 앞선 상태나 상황을 대용하는 맥락에서 쓰는 게 적절하다. "내일은 비가 올 거야. 그렇지 않으면 내 손에 장을 지진다"처럼.

난들과 낸들

"그 일을 (난들 / 낸들) 어쩌겠어?"

이 문장에서 괄호 안에 들어갈 말은 뭘까? '난들'이 맞다. 그런데 '난들' 못지않게 '낸들'을 쓰는 사람이 많고, 입말에선 '낸들'이 '난들'을 압도하는 듯하다. '낸들'이 이처럼 세력을 넓힐 수 있었던 것은 무슨 이유에서일까?

'낸들'을 쓰는 사람들은 '낸들'을 '나인들'이 줄어서 된 말이라고 생각한다. 이렇게 생각하는 건 '나'와 '인들'의 결합을 자연스럽게 여기기 때문인데, 문제는 '-라고 할지라도'의 뜻을 나타내는 보조사가 받침 없는 말에 붙을 때는 'ㄴ들'을, 받침 있는 말에 붙을 때는 '인들'로 쓰인다는 점이다. 즉, '나' 뒤에는 'ㄴ들'이 선택되어 '난들'로 실현되고, '마음' 뒤에는 '인들'이 선택되어 '마음인들'로 실현되는 것이다. 이는 보조사 '은/는'이 '나'와 만나면 '나는'으로 실현되고, '선생님'과 만나면 '선생님은'으로 실현되는 것과 같이 규칙적이다.

그런데 이러한 규칙을 자연스럽게 터득했을 이들이 왜 '나'와 '인들'의 결합을 자연스럽게 받아들였을까? 그건 실제 언어생활에서 '인들'과 'ㄴ들'의 선택 규칙이 '는'과 '은'의 선택 규칙처럼 적용되지 않기 때문인 듯하다. "아무리 힘이 센 황소인들 그런 상황에서 어떻게 버티겠습니까?"의 문장에서 '황소'에 붙은 '인들'이 어색해 '황손들'로 바꾸는 사람은 드문 것처럼. 그러니 '나인들'을 떠올리면서 '낸들'을 그것의 준말로 생각할 수 있는 것이다. 그러나 '황소+인들', '소+인들', '사자+인들' 등이 '황쇤들', '쇤들', '사잰들'로 줄어든 예를 찾기 어렵다면, '낸들'이 '나인들'의 준말이 아닌 건 확실하다.

'낸들'이 쓰이는 또 다른 이유는 1인칭 대명사가 '나를'과 '내가'로 실현되는 데에서 찾을 수도 있다. 즉, 1인칭 대명사를 '나'의 형태가 아닌 '내'의 형태로 생각해 여기에 'ㄴ들'을 결합한 것으로 보는 것이다. 그러나 1인칭 대명사의 형태가 '나'와 '내'가 있더라도, 'ㄴ들'과의 결합에서 일반형인 '나' 대신 변이형인 '내'를 선택한 이유는 여전히 불명확하다.

이처럼 '낸들'이 출현하게 된 이유는 불명확하지만, '낸들'은 현재 널리 쓰이고 있고 앞으로도 그럴 것이다. '낸들'의 앞날은 '맨날'의 현실을 통해 짐작할 수 있을 터. '매일같이 계속하여서'란 뜻의 '맨날'은 사용빈도에서 같은 뜻의 '만날'을 압도했지만, 표준어 목록에는 형태 근거가 분명한 '만날(萬-)'만이 올랐었다. 그러나 근거가 불분명한 '맨날'은 결국 표준어가 되었다. 언어의 표준은 관습이 결정함을 보여주는 사례다.

내지乃至

“내일은 비가 30 내지 50밀리미터가 내린다고 한다”는 ‘내일은 비가 30에서 50밀리미터까지 내린다’는 뜻이다. 이처럼 수량을 나타내는 말 사이에서 ‘내지’는 ‘얼마에서 얼마까지’의 뜻으로 쓰인다. “내일은 비 내지 눈이 내린다고 한다”는 ‘내일은 비 또는 눈이 내린다’는 뜻이다. 이처럼 사물을 나타내는 말 사이에서 ‘내지’는 ‘또는’의 뜻으로 쓰인다. 여기까지 보면 ‘내지’는 뜻에 따라 용법이 분명히 구분되는 낱말로 보인다.

그런데 함께 오는 말이 ‘번호’나 ‘직급’일 경우 ‘내지’의 뜻을 판단하기는 쉽지 않다. “제12조 내지 제14조를 준용한다”와 “국가정보원의 1급 내지 4급 직원”의 예에서 ‘내지’는 어떤 뜻일까? ‘번호’나 ‘직급’을 수량의 뜻과 관련지은 사람은 이 예에서의 ‘내지’를 ‘제12조에서 제14조까지’나 ‘1급에서 4급 직원까지’로 이해할 것이다. 반면 '번호'나 '직급'을 수량의 뜻과 무관하게 본 사람은 이를 '제12조 또는 제14조'나 '1급 또는 4급'으로 이해할 것이다.

그런데 법 조항이 이처럼 두 가지로 해석되면 큰 문제다. 이 때문에 '알기 쉬운 법령 정비 기준'(법제처)에서는 이를 "제12조부터 제14조까지의 규정을 준용한다"와 "국가정보원의 1급부터 4급까지의 직원"으로 바꿔 제시했다. 어떤 낱말의 해석 때문에 오해가 생길 수 있다면 그 낱말을 다른 표현으로 대체하란 뜻이다. 그런데 이런 혼선을 낱말의 문제로만 보고 엄연히 사전에 실린 '내지'를 없애야 할 낱말로 여기는 것은 바람직하지 않다. 언어의 속성상 낱말의 뜻과 용법을 가르는 기준이 항상 명확할 수는 없다. 중요한 것은 낱말을 잘 부려 써 뜻이 명확한 문장을 만들려는 노력이다.

노라고

"(하느라고 / 하노라고) 했는데 마음에 드실지 모르겠습니다."

이 문장에서 괄호 안에 들어갈 말은 뭘까? '하노라고'이다. 이 문장에서 '-노라고'는 말하는 이의 말로, '자기 나름으로는 한다고'란 뜻을 표시한다. 이를 다른 말로 설명하면, '-노라고'는 말하는 이의 의도를 나타내는 말이라고 할 수 있다. "우리는 돈을 벌어 보겠노라고 하나둘 고향을 떠났다"라는 예를 보더라도 '-노라고'는 말하는 이의 의지를 나타낸다.

이에 비해 '-느라고'는 '하는 일로 인하여'란 뜻을 나타낸다. '-느라고'는 "엄마는 음식을 장만하느라고 분주했다"와 같은 문장에서 쓸 수 있는 것이다. 이처럼 '-노라고'와 '-느라고'의 뜻이 명확히 구분되는데도 많은 사람들이 위의 문장에서 '하느라고'를 선택한다. 왜 그럴까?

첫째 이유는 '-느라고'가 단순히 원인이나 이유만을 나타내는 표현이 아니라는 데 있다. 가령 "철수는 어제 책을 읽느라고 밤을 새웠다"에서 '-느라고'는 단순한 원인을 나타낸다기보다는 '-기 위하여'란 뜻을 나타낸다. 그러니 이런 문맥에 쓰인 '-느라고'에서는 '의지'의 뜻을 읽을 수 있는 것이다. 그렇다면 원인과 의지의 경계가 모호한 상황에서, '-노라고'를 쓸 자리에 '-느라고'를 쓸 수 있는 여지가 생겼다고 볼 수 있지 않을까?

두 번째 이유는 '-노라고'라는 어미 자체를 어색하게 느끼는 사람이 많다는 데 있다. 현재 대중들은 '-노라고'를 예스러운 표현으로 생각하는 것이다. 특별한 효과를 노리지 않는 한 예스러운 표현은 피하려 했을 것이고, 그러다 보니 '하노라고 했는데'보다는 '하느라고 했는데'를 더 자연스럽게 느끼게 되었을 터. '-느라고'가 쇠퇴해가는 '-노라고'의 의미까지 포함하며 확장하고 있는 것이다.

돋치다와 부딪치다

"목소리에서 불만기가 꿈틀대고 있었다. 신 여사가 수저를 내려놓으며 가시 돋힌 눈길로 아들을 쏘아보았다."(유기성, 《아름다운 그 시작》/ '우리말샘'에서 재인용)

위의 문장에서 틀린 말을 찾아보자. 틀린 말은 '가시 돋힌'이다. 이 말은 '가시 돋친'으로 바꿔써야 한다. 그런데 언어 규범을 잘 알고 있는 사람이라도 '가시가 돋치다'를 무심코 '가시가 돋히다'로 쓸 때가 있다. [도치다]라고 발음할 때, 분명 그 사람의 머릿속에선 [도치다]를 '돋+히+다'로 형태 분석하는 활동이 일어났을 것이다. 그러니 우연한 실수는 아닐 터.

"앗가야 사름 되랴 온몸에 짓치 도쳐 九萬里長天에 프드득 소사올라 님 계신 九重宮闕을 구버볼가 ᄒᆞ노라〔이제 겨우 사람 되랴 온몸에 깃이 돋혀 구만리 장천에 푸드덕 솟아올라 임 계신 구중궁궐을 굽어볼까 하노라〕." (《교본 역대 시조 전서》 1880-2 / '우리말샘'에서 재인용)

위의 옛시조에 나온 '도쳐'란 표기를 근거로, 옛사람들이 이것의 형태를 '돋혀'로 인식하고 있었다고 추정할 수 있다. '돋혀'란 형태를 소리대로 '도쳐'로 표기했을 것이란 뜻이다. 위의 옛시조를 현대어로 번역했을 사전편찬자가 '도쳐'를 '돋혀'로 썼다는 건, 이러한 형태의식이 그만큼 뿌리 깊다는 증거일 터. '깃이(날개가) 돋다'란 표현을 아는 사람은 〔기시 도쳐〕라 뇌까리며 무심결에 '깃이 돋혀'로 쓰는 것이다.

그럼에도 불구하고 '돋히다'는 표준어의 자격을 얻지 못했다. 《큰 사전》에선 '돋히다'를 수록하지 않고 '돋치다'만을 수록하고 있다. '도치다'도 '돋히다'도 아닌 '돋치다'를 표준어로 삼았다는 건, 이를 '돋+치+다'로 형태 분석한다는 뜻일 터. 처음부터 강조의 접미사 '-치-'가 '돋(다)'에 붙은 것으로 봤고, '돋치다'를 '돋다1를 강조하여 이르는 말'(《고려대한국어대사전》)로 정의하게 된 것이다.

'돋히다'와 '돋치다'를 혼동하는 것은 '부딪치다'와 '부딪히다'

를 혼동하는 것과 비교해 볼 수 있다. 그런데 '돋히다'가 표준어의 자격을 얻지 못한 반면, '부딪치다'와 '부딪히다'는 서로 다른 뜻의 낱말로 표준어가 되었다. 타동사인 '부딪다'는 피동사가 될 수 있지만, 자동사인 '돋다'는 피동사가 될 수 없기 때문. 다음 예에서 괄호 안에 들어갈 말은 뭘까?

"그와 나는 사사건건 (부딪쳤다 / 부딪혔다)."
"지나가는 사람에게 (부딪쳐 / 부딪혀) 넘어졌다."

첫 번째 문장에선 '부딪쳤다'가, 두 번째 문장에선 '부딪혀'가 맞다. 첫째 문장의 '부딪치다'는 '부딪다'를 강조하여 이르는 말로, '부딪다'에 강세의 접사 '-치-'가 붙어서 이루어진 말이다. 둘째 문장의 '부딪히다'는 '부딪다'에 피동의 접사 '히'가 붙어서 이루어진 말이다. '부딪치다'는 '(무엇)이/가 (무엇)과/와 부딪치다'와 같은 형식으로 쓰이고, '부딪히다'는 '(무엇)이/가 (무엇)에/에게 부딪히다'와 같은 형식으로 쓰인다.

표준어를 정할 때 언어 관습만큼 중시했던 것이 일관성, 문법은 관습의 차이로 인한 혼선을 막는 심판의 역할을 하는 것이다.

두음법칙

'한글맞춤법'의 두음법칙 조항은 한자어의 한자음 표기와 관련한 것이다. 규정은 단어의 첫머리에 오는 한자음과 단어의 첫머리 이외에 오는 한자음을 달리 표기하라는 것. 규정대로 쓰면, 단어의 첫머리에 오는 한자음은 '두음법칙이 적용된 우리말의 발음'* 대로 표기하지만, 그 외의 경우는 한자의 본음대로 표기해야 한다. 즉, '老人'은 발음대로 '노인'이라고 적고, '敬老席'은 발음과 상관없이 한자 '老'의 본음을 따라 '경로석'이라고 적어야 한다는 것이다.

그런데 대부분의 표기 혼란은 본음대로 적는다는 규정을 적용

* 두음법칙은 우리말에서 [ㄹ]과 [ㄴ] 발음이 단어의 첫머리에 오는 것을 회피한다는 발음 규칙이다. 한글 맞춤법에서 규정한 것은 단어의 첫머리에 오는 한자음 '녀, 뇨, 뉴, 니'는 '여, 요, 유, 이'로, '랴, 려, 례, 료, 류, 리'는 '야, 여, 예, 유, 이'로, '라, 래, 로, 뢰, 루, 르'는 '나, 내, 노, 뇌, 누, 느'로 표기하라는 것. 즉, 두음법칙이 적용된 발음대로 표기하라는 것이다.

하는 데에서 일어난다. 한자어의 한자와 그 한자의 음을 파악하는 게 쉽지 않고, 한자의 본음대로 적는다는 규정은 단어의 구성 조건에 따라 달리 적용될 수 있기 때문이다. 다음 문장에서 맞는 표기를 골라 보면, 두음법칙의 복잡함과 문제점을 실감할 수 있을 터.

1. 부부는 평생 (희노애락 / 희로애락)을 함께해야 한다.
2. 불교에서 '법률'은 부처가 설법한 가르침과 신자가 지켜야 할 (규율 / 규률)을 이른다.
3. 그는 노인정에서도 (상노인 / 상로인) 대접을 받는다.
4. 신문 (가십난 / 가십란)에 내 이름이 오르내리는 걸 원하지 않는다.
5. 이번 회계 (년도 / 연도)에는 적자를 면했다.
6. 지진이 나자 마을 사람들은 (피난 / 피란)을 떠났다.

1번 문장에선 '희로애락(喜怒哀樂)'이라고 써야 한다. '怒'를 본음대로 '로'로 표기하는 것이다. 그런데 문제는 '怒'의 본음이 '노'와 '로' 두 개라는 점이다. 한자어 '憤怒'를 '분노'로 표기하는 것은 본음을 '노'로 취한 것이다. '怒'는 '격노(激怒), 진노(瞋怒), 천인공노(天人共怒)' 등처럼 앞의 음절이 받침이 있을 땐 '노'로, '대로(大怒)'처럼 앞의 음절이 받침이 없을 땐 '로'로 표기한다.

2번 문장에선 '규율(規律)'이 맞다. 같은 '律'이고 단어의 첫머리 이외에 나오는데도, '법률(法律)'과 '규율'의 표기가 다르다. '자율(自律), 운율(韻律), 비율(比率), 백분율(百分率)' 등처럼 모음과 'ㄴ' 받침 뒤에 나올 때는 '율'로 그 외 받침 뒤에 나올 때는 '률'로 표기하는 것이다. '나열(羅列), 비열(卑劣), 분열(分裂)' 등도 같은 원칙으로 표기한 것이다.

3번 문장에선 '상노인(上老人)'이 맞다. '상-'이 접두사이기 때문. 접두사처럼 쓰이는 한자가 붙어서 된 말이나 합성어에서는 단어의 첫머리에서와 같이 쓴다. '연이율(年利率), 몰이해(沒理解), 해외여행(海外旅行), 육체노동(肉體勞動)' 등도 같은 원칙으로 표기한 것이다.

4번 문장에선 '가십난(gossip欄)'이 맞다. 한자 '欄(란)'이 쓰인 '投稿欄'을 '투고난'이 아닌 '투고란'으로 쓴다는 걸 아는 사람이라면 '가십란'으로 기울어질 수도 있지만, '欄(란)'이 외래어나 고유어의 뒤에 올 때는 '난'으로 써야 한다. 한 음절 한자가 한자어 뒤에 올 때는 독립된 단어로 보기가 어렵지만, 외래어나 고유어 뒤에 올 때는 독립된 단어처럼 인식되기 때문이다. 같은 이유로 '量(량)'은 한자어에선 '아량(雅量)', '생산량(生産量)', '노동량(勞動量)'으로, 고유어나 외래어 뒤에선 '구름양', '에너지양' 등으로 표기한다.*

5번 문장에선 '연도(年度)'가 맞다. '연도'가 자립명사이기 때문이다. 그러나 의존명사로 쓰일 경우에는 두음법칙을 적용하지 않는다. '2019년도'로 써야 하는 것이다. '십 년(年), 금 한 냥, 객차 열 량(輛)' 등으로 적는 것도 '년, 냥, 량'이 단위를 나타내는 의존명사이기 때문이다.

6번 문장에선 '피난(避難)'이 맞다. 지진은 재난이기 때문에 '難'을 써야 하고, 이 한자의 본음이 '난'인 것이다. 그러나 "전쟁이 나자 마을 사람들은 (피난 / 피란)을 떠났다"에서는 '피란(避亂)'이 맞다. 전쟁은 난리이기 때문에 '亂'을 써야 하고, 이 한자의 본음이 '란'이기 때문. 그러나 이러한 구분이 현실 언어에서 적용되는지는 의심스러운 면이 있다. '避亂'과 '避難'의 현실 발음이 모두 〔피난〕인 것은 사람들이 두 가지 원어를 구분하고 있지 않다는 뜻이다.

이처럼 한자어의 원어와 한자의 본음을 고려해 한글맞춤법을 정한 걸 보면, 한자어와 한자를 우리말에서 따로 떼어내 생각할 수는 없는 노릇이다.

---

* 그런데 흥미로운 것은 '률'의 경우에는 외래어에서도 동일하게 모음이나 'ㄴ' 받침 뒤에서는 '율'로 적고 그 외의 받침 뒤에서는 '률'로 적는다는 점이다. 한글맞춤법에서는 '서비스율'과 '숏률'의 예를 들고 있는데, 이러한 처리 방식이 적절한 것인지는 의심스러운 면이 있다. 한 음절 한자가 외래어나 고유어 뒤에 올 때는 독립된 단어처럼 인식된다는 점을 일반 원칙으로 표기를 단순화할 필요가 있다.

등等

"'이곳은 어문규범, 어법, 표준국어대사전 내용 등에 대하여 문의하는 곳입니다'란 문장에서 '등'의 뜻은 '등'에 대한 국어사전 뜻풀이 항목 중 ①에 해당하나요, ②에 해당하나요?"

국립국어원의 '온라인 가나다'에 오른 질문이다. 참고로 《표준국어대사전》에서는 '등'을 "① 그 밖에도 같은 종류의 것이 더 있음을 나타내는 말 ② 두 개 이상의 대상을 열거한 다음에 쓰여, 대상을 그것만으로 한정함을 나타내는 말"로 정의한다.

답변자는 이 문장의 '등'은 ②의 뜻으로 쓴 것이라 답했다. 즉 '온라인 가나다'에는 어문규범, 어법, 표준국어대사전 내용 등 세 가지 사항에 대해서만 문의할 수 있다는 것. 그런데 이런 질문이 나올 만큼 뜻풀이 항목의 적용 기준이 분명하지 않으면, 문장을 해석할 때마다 혼선이 생길 수밖에 없다. "대통령은 내일부터 영국, 프랑스, 스웨덴 등을 순방한다"와 "요즘 아이들은 소시지, 햄 등을 좋아한다"에 쓰인 '등'의 뜻을 확정하려면, 글쓴이에게 물어야 하는 것이니.

그러나 "대통령은 내일부터 영국, 프랑스, 스웨덴 등 3개국을 순방한다"와 "요즘 아이들은 소시지, 햄 등 인스턴트 음식을 좋아한다"처럼, '3개국'이나 '인스턴트 음식'란 조건을 정하게 되면, '등'의 뜻은 분명해진다. 앞 문장에선 ②의 뜻, 뒤 문장에선 ①의 뜻으로 보면 되는 것이다.

이를 보면 국어사전의 두 뜻은 '등'의 사용 조건에서 비롯한 것임을 알 수 있다. 이 중 ②는 '그것만으로 한정함'을 나타낸다는 점에서, 한정의 조건이 분명히 제시될 필요가 있다. "이곳은 어문규범, 어법, 표준국어대사전 내용 등에 대하여 문의하는 곳입니다"라는 문장을, ②의 뜻으로 쓴 것이라 우길 수는 없는 것이다.

딛다와 갖다 그리고 서툴다 : 준말의 활용

"미끄러우니까 발을 잘 (디뎌야 / 딛어야) 한다."

"오늘 일을 계기로 자신감을 (가지면 / 갖으면) 좋겠다."

이 두 문장에서 각각 괄호 안에 들어갈 말은? 첫 번째 답은 '디뎌야'이고, 두 번째 질문의 답은 '가지면'이다.

위의 두 질문은 준말과 본말의 활용상 차이에 대한 것인데, 특징은 본말의 활용은 제약이 없지만, 준말의 활용에는 제약이 따른다는 점이다.

첫 번째는 '디디다'와 '딛다'의 차이를 보여준다. '디디다'는 '딛다'로, '디디고'는 '딛고'로, '디디는'는 '딛는'으로 줄어들 수 있지만, '디디다'에 '-어야'를 결합한 '디뎌야'는 '딛어야'로 줄어들 수 없다. 표준어 규정 16항에 나온 단서조항, "모음어미가 연결될 때에는 준말의 활용형은 인정하지 않음"에 따라, 준말 '딛(다)'에 모음이 뒤따르는 '딛어, 딛었다, 딛으니, 딛으면' 등을 인정하지 않는 것이다.

두 번째는 '가지다'와 '갖다'의 차이를 보여준다. '가지다'를 '갖다', '가지고'를 '갖고', '가지는'을 '갖는'과 같이 줄일 수 있지만, '가졌다'를 '갖았다'나 '갖었다'와 같이 표현하지는 않는다. 앞서 보인 표준어 규정 16항에 따라, 준말 '갖(다)'에 모음이 뒤따르는 '갖어, 갖었다, 갖으니, 갖으면' 등을 인정하지 않는 것이다.

그런데 따지고 보면 본말과 준말의 관계인 '디디다'와 '딛다', '가지다'와 '갖다' 등이 다른 활용체계를 가질 문법적인 이유를 찾기 어렵다. 근거는 표준어 규정뿐이다. 그렇다면 주로 입말에서 쓰이는 준말이 간혹 표준어로 인정받지 못한 것도 이와 관련지어 볼 수 있을 터. '서투르다'의 준말인 '서툴다'는《큰 사전》을 편찬할 당시만 해도 비표준어였었다.

마지막 질문 하나, "일이 서툴러 실수를 했다"에서 '서툴러'는 '서툴다'의 활용형일까, '서투르다'의 활용형일까? 답은 '서투르다'이다. '서툴다'는 모음 어미와 붙을 때 'ㄹ'이 탈락되지만('ㄹ' 불규칙 활용), '서투르다'는 모음 어미와 붙을 때 'ㄹ'이 덧생긴다('르' 불규칙 활용). 준말의 활용에서는 빈칸이 생기기 쉽다.

	준말			본말		
	딛다	갖다	서툴다	디디다	가지다	서투르다
−고	딛고	갖고	서툴고	디디고	가지고	서투르고
−네	딛네	갖네	서투네	디디네	가지네	서투르네
−ㅂ니다 / −습니다	딛습니다	갖습니다	서툽니다	디딥니다	가집니다	서투릅니다
−아 / 어	딛어(×)	갖어(×)	서투러(×) 서툴어(×)	디디어, 디뎌	가져	서툴러
−면 / 으면	딛으면(×)	갖으면(×)	서툴면	디디면	가지면	서투르면
−ㅁ / 음	딛음(×)	갖음(×)	서툶	디딤	가짐	서투름
−ㄴ / 은	딛은(×)	갖은(×)	서툰	디딘	가진	서투른
−니 / 으니(의문)	딛으니(×) 딛니	갖으니(×) 갖니	서투니	디디니	가지니	서투르니

맞다와 걸맞다

"내가 어제 한 행동은 나이에 (걸맞는 / 걸맞은) 행동이라고 볼 수 없다."
"디자인은 마음에 드는데 치수가 내 몸에 (맞는 / 맞은) 것이 없어."

이 두 문장에서 괄호 안에 들어갈 말은? 첫 번째 문장에선 '걸맞은'을, 두 번째 문장에선 '맞는'을 써야 한다. 아마 '걸맞는'을 선택한 이는 '맞는'에, '맞은'을 선택한 이는 '걸맞은'에 이끌렸을 것이다. 이처럼 한 부류일 것 같은 '걸맞다'와 '맞다'를 달리 쓰는 것은 이들의 품사가 다르기 때문이다. 용언이 현재 시제 관형형으로 쓰일 경우 형용사는 '-은 / -ㄴ'으로, 동사는 '-는'으로 활용한다.

"그의 교육 이념은 촛불 시민이 요구하는 시대정신에 (걸맞다 / 걸맞는다)."
"그건 네 말이 (맞다 / 맞는다).

위의 문장에서 괄호 안에 들어갈 말은? 평서문의 서술어로 쓰이는 형용사와 동사의 활용 원칙에 따르면, 첫 번째 문장에선 '걸맞다'를 두 번째 문장에선 '맞는다'를 써야 한다. 이때도 역시 앞의 경우와 같은 혼란이 일어난다. 다만 주목할 점은 두 번째 문장의 경우 '맞는다'보다 '맞다'를 자연스럽게 받아들이는 사람들이 더 많다는 사실이다. 그러니 '맞다'를 비문법적이라 단정할 수는 없는 노릇. '맞는다'의 자리에 '맞다'를 쓰는 사람이 많은 건, 동사 '맞다'와 형용사 '옳다'를 비슷한 말로 인식하는 사람이 많기 때문인 듯하다.

이처럼 동사이면서도 형용사적 의미 특성을 지닌 말들은 동사의 일반적 활용 방식과 다른 양상을 보일 때가 있다. "나와 닮은 사람이 많다"나 "틀린 표현을 찾아라"에서 '닮다'와 '틀리다'가 형용사의 활용을 하는 것처럼 말이다. 문법 범주는 명료하고 견고한 틀처럼 보이지만, 그 틀의 가장자리는 언제나 흐릿하고 흔들린다.

매무새와 매무시

"그녀는 한복 (매무새 / 매무시)가 우아했다."

이 문장에서 괄호 안에 들어갈 말은? '매무새'다. 국어사전에서는 '매무새'를 "옷을 매만져서 입고 난 뒤의 모양새"로, '매무시'는 "옷을 입을 때 매고 여미는 따위의 뒷단속"으로 풀이하고 있다. 그러니 '우아하다'에는 의미상 '매무새'가 어울리는 것이다. 반면 동작을 가리키는 뜻의 '매무시'는 "그는 회사 현관 앞에서 양복을 매무시했다"와 같이 쓴다.

그러나 뜻풀이처럼 두 말의 쓰임이 명확히 구분되는 건 아니다. 현실 언어에선 '옷매무새를 가다듬다'만큼 '옷매무시를 가다듬다'를, '옷매무새가 단정하다'만큼 '옷매무시가 단정하다'를 쓴다. 이처럼 '매무새'와 '매무시'의 쓰임이 겹치는 건, 두 말이 '매고 묶다'란 뜻의 옛말 'ᄆᆡᆺ다('ᄆᆡ-〔結〕'+'뭊-〔束〕'+다)'에 명사화 접미사 '-애 / -이'가 붙어서 이루어졌기 때문인 듯하다. 어원상으로는 두 말을 굳이 구분해 써야 할 이유를 찾기 어려운 것이다.

이 때문이었는지 문세영의 《조선어사전》에서는 '매무시'만을 올림말로 삼고, 이를 "① 옷을 맵시있게 입는 것 ②옷을 입은 모양"으로 풀이했다. 현대 국어사전에서 '매무시'와 '매무새'로 나타내는 뜻을 '매무시' 하나에 다 담았던 것이다. 《큰 사전》 또한 '매무시'만을 올림말로 삼았는데, 이때는 어찌된 일인지 《조선어사전》의 ①번 뜻만 채택해 "옷을 입을 때 매고 여미고 하는 따위의 뒷 단속"으로 풀이했다. 사라진 ②번 뜻은 '매무새'를 사전에 올리면서 등장할 수 있었다. 이희승의 《국어대사전》에서 '매무새'를 올림말에 추가하고, 이를 "매무시한 뒤의 모양새"로 풀이한 것이다.

헷갈리는 말엔 그럴 만한 이유가 있다.

머지않아와 머지않다

"(머지않아 / 멀지않아) 진실이 밝혀질 것이다."

"나뭇잎이 누르러 보이니 이제 겨울도 (머지않았다 / 멀지않았다)."

이 두 문장에서 괄호 안에 들어갈 수 있는 말은 무엇일까? '머지않아'와 '머지않았다'이다. '머지않다'는 '시간적으로 멀지 않다'는 뜻의 낱말이다. 그렇다면 '멀다'를 부정하는 말을 왜 '멀지않다'가 아닌 '머지않다'로 쓰는 걸까? '시간적 사이가 오래지 않다'는 뜻을 '공간적 거리가 많이 떨어지지 않다'는 뜻과 구분지어 특별히 낱말로 만들었기 때문이다. '공간적 거리가 많이 떨어지지 않다'는 뜻은 낱말이 아닌 구로 표현한다. "우리 집에서 읍내까지는 그리 멀지 않다"처럼.

그런데 '멀다'가 시간과 공간을 가리지 않고 쓰이는데도 시간을 부정하는 표현만 특별히 낱말로 취급되는 이유는 뭘까? 그렇게 된 이유는 '불원간(不遠間)'에서 찾아볼 수 있다. '불원간'은 '(시간적으로) 멀지 않아'의 뜻을 지닌 낱말이다. 그러니 '불원간'이 쓰일 자리에 '멀지 않아'가 대신 들어가 쓰일 수 있다. "언로가 막히면 불원간(멀지 않아) 나라가 망할 것이다"처럼 말이다. 이런 맥락에서 '멀지 않아'는 하나의 낱말로 인식되었을 것이고, 그렇게 결합한 '멀지않아'는 'ㄹ'이 탈락된 '머지않아'로 바뀌며 낱말로 완전히 굳어졌을 것이다.

《표준국어대사전》에서는 '머지않아'가 아닌 '머지않다'만 수록하고 있다. '머지않아'를 '머지않다'의 활용 형태로 본 것이다. 그러나 '머지않아'가 만들어진 과정을 생각해 본 사람이라면 이를 별도의 낱말로 수록하는 걸 당연하게 여길 것이다. 《고려대한국어대사전》에서는 '머지않아'(부사)와 '머지않다'(형용사)를 모두 표제어로 수록하고 있다.

문화어와 평양말

북쪽의 문화어(남쪽의 표준어에 해당함)가 '평양말'을 기준으로 한다는 것은 맞는 말이면서도 틀린 말이다. 문화어는 지역 방언으로서의 '평양말'을 기준으로 하지 않았고, 문화어를 제정할 당시 평양에서 일반적으로 쓰이는 말을 기준으로 했기 때문이다. 그런데 남북 분단 이전에는 표준 한국어가 서울말을 기준으로 했다는 점에서, 평양에서 일반적으로 쓰이는 말은 서울말의 영향 아래 있었다고 봐야 할 것이다.

《조선말대사전》에는 문화어를 다음과 같이 풀이하고 있다.

"… 우리의 문화어는 주체적인 언어사상과 당의 올바른 언어정책에 의하여 공화국북반부에서 혁명의 수도 평양을 중심지로 하고 평양말을 기준으로 하여 우리 인민의 혁명적 지향과 생활 감정에 맞게 문화적으로 가꾸어진 조선민족어의 본보기이다."

위 내용에 따르면 문화어는 '평양말을 기준으로 하여 문화적으로 가꾸어진 말'이다. 그런데 문제는 '평양말'의 실체이다.

일반적으로 '서울말'이라고 하면 중부 방언의 하위 방언으로서의 서울말을 의미한다. 이런 관점에서 보면 '평양말'은 평안방언의 한 하위 방언이다. 그러나 현재의 문화어는 '평양말'이라 보기 어렵다. 현재 문화어가 평안방언의 음운이나 어휘적 특징과는 거리가 멀기 때문이다. 평안방언에는 구개음화가 없을뿐더러, 치음 다음에 상승이중모음이 연결된 말, 즉 '텬디(天地), 뎡거당 (停車場)'은 '턴디(天地), 덩거당(停車場)'처럼 변했다. 그리고 주격조사 '-래', 종결어미 '-슴메', '-웨다' 따위가 쓰인다. 그러나 그 같은 특성은 문화어에 나타나지 않는다.

오히려 문화어는 중부 방언과 가까운 면이 많다. 음운이나 어휘 및 어법적 특징이 중부 방언을 기반으로 하여 마련된 표준어와 큰 차이가 없기 때문이다. 그런 점에서 보면, 남북한어의 기본적인 바탕은 어휘상으로 볼 때 '서울말'이다. 가령, 친족 명칭에서 '아버지, 어머니'는 표준어이자 문화어이다. 평양을 위시한 평안방언의 부모 호칭어는 '아반, 아바니, 아바지, 오만, 오마니'이다. '장인, 장모'는 '가시아버지, 가시어머니'로 다듬어 쓰고 있다. 그러나 원래 평안방언은 '가시아바니, 가시오마니'이다. 이미 표준어가 널리 보급된 상태의 '평양말'을 기반으로 말다듬기가 이루어지고 여기에 평안·함경 방언적 요소가 가미된 것이지 본디 지역 방언으로서의 '평양말'에 기반을 두고 문화어가 형성된 것은 아니다.

1988년에 김병제가 펴낸 《조선언어지리학시고》의 부록 《조선어방언지도》에는 46장의 방언지도가 실려 있는데, 지도마다 평양과 평남 지역에는 방언형이 없다. 이렇게 방언형을 표시하지 않은 것은 46개의 표제어가 모두 '평양말'이라는 사실을 알리기 위함이었던 듯하다. 그러나 46개 표제어 가운데 대부분은 전통적인 평양 방언이 아니다(①은 표준어와 다른 말. ( ) 속의 단어는 표준어. ②는 남북 공통).

① 거마리(거머리), 칼치(갈치), 게사니(거위), 능쟁이(명아주), 반디벌레(반딧불이), 부루(상추), 사라구(씀바귀)

② 가위, 겨드랑이, 고양이, 그을음, 개암, 게으르다, 귀밀, 귀뚜라미, 괭이, 나중, 누에, 냉이, 마르다, 멸치, 모이, 박쥐, 병아리, 뱀장어, 뱉다, 새우, 생강, 추워서, 켜다, 키, 확, 여위다, 오이, -습니다, 거짓말, 가르치다, 강냉이, 고추, 그네, 새끼, 잠자리, 졸리다, 종다리, 지렁이

46개의 표제 항목 가운데 고작 7개만이 남쪽의 표준어와 다를 뿐이다. 그런데 ① 가운데 '거마리, 게사니, 능쟁이, 부루'는 평양 방언이지만 '반디벌레, 사라구'는 평양 방언이 아닌 듯하며, ② 가운데 '가위, 고양이, 고추, 잠자리, 지렁이, 박쥐' 등은 역시 평양 방언이 아니다. 평양 방언은 '가우, 고냉이~광이, 당추, 잰자리~붓잔자리, 디레이, 빨쥐'이다. 평안 방언에서 '고추'는 '후추'를 뜻하여 의미가 전혀 다르다. '문화어의 기준이 평양말'이라고 했지만 사실은 평양말이 아니며 오히려 표준어와 가깝다는 사실을 알 수 있다.

결국 '문화어의 기반이 되는 평양말'이라는 것은 서울 중심의 표준어와 여기에 평양뿐만 아니라 북한 지역에서 쓰이는 방언적 요소가 가미된 것이라 할 수 있다. 그리고 분단 이후 만들어진 전문어와 새말이 문화어에 추가된다.

남북 언어 이질화의 실체를 분명히 할 때, 언어 이질화를 극복할 실천 방안이 현실성을 띨 수 있을 것이다.

참고문헌

곽충구, 〈남북한 언어 이질화와 그에 관련된 몇 문제〉, 《새국어생활》 11-1호, 2001.

바래다와 놀래다

"즐거운 휴가 보내기 (바래 / 바라)."

이 문장에선 '바라'가 맞지만 이렇게 쓰는 건 어색하고, '바래'는 자연스럽지만 이는 어법에 맞지 않는다. '바라다'가 기본형이니 그 명령형으론 '바라'를 써야 하는 것이다. 그 어색함을 견딜 수 없는 사람이라면 이렇게 고쳐 쓴다. "즐거운 휴가 보내기 바란다"로 말이다. 그것만이 아니다. 차마 "나의 바램"은 쓸 수 없어 "나의 희망"으로 바꿔 쓰기도 한다. 기본형을 '바라다'로 한정하는 한 이런 고쳐쓰기는 자주 일어날 수밖에 없다. 그래서일까? 자연스러움이 생명인 노랫말에선 이에 관한 한 아예 규범을 의식하지 않는다. "그것은 우리의 바램이었어"나 "날 사랑해 주길 바래"처럼. 이쯤 되면 사람들의 머릿속엔 '바래다'가 하나의 기본형으로 자리 잡고 있음이 분명해진다. '바라다'와 '바래다'가 같은 뜻의 말로 동등하게 인정될 수 있다는 것이다.

그럼 이런 경우는 어떨까? "깜짝이야, 왜 사람을 (놀래켜 / 놀래)?" 이 문장에선 '놀래'가 맞지만 이렇게 쓰는 건 어색하고, '놀래켜'는 자연스럽지만 표준어가 아니다. '놀라다'의 사동사로는 '놀래다'만이 인정되기 때문. 이런 상황에선 '놀래'를 쓰는 것도 '놀래켜'를 쓰는 것도 찜찜하니, 이 문장을 "깜짝이야, 왜 사람을 놀라게 해?"로 고쳐 쓰게 된다. 그러나 충청 방언으로 취급되는 '놀래키다'의 사용빈도가 사동사 '놀래다'를 압도하는 건 엄연한 현실. 이처럼 '놀래키다'가 널리 쓰이는 걸 보면, 사람들의 머릿속에선 사동사 '놀래다'에 대한 기억이 점점 희미해지고, '놀래다'가 '놀라다'와 같은 뜻의 말로 자리 잡고 있음을 알 수 있다. 그래서인지 '놀래키다'만큼 '놀라키다'도 만만치 않게 쓰인다.

붇다 그리고 누렇다와 뿌옇다 : 낯선 형태의 말

"빨리 와서 먹어. 라면이 (붇겠어 / 불겠어)."

이 문장에서 괄호 안에 들어갈 말은? '붇겠어'다. 여기 들어갈 낱말의 기본형이 '붇다'이기 때문. 다만 '붇-' 뒤에 모음이 올 경우에는 받침의 'ㄷ'이 'ㄹ'로 바뀐다. '라면이 불으니 / 불었다'에서처럼. 이렇게 활용하는 말로는 '걷다, 듣다, 묻다(問)' 등이 있다.

이때 사람들이 '걷겠어, 듣겠어, 묻겠어'를 선뜻 받아들이면서도 '붇겠어'는 낯설어한다는 게 흥미롭다. 아마 '붇고, 붇겠다' 등의 형태로 쓸 일이 '걷고, 걷겠다' 등에 비해 드물기 때문이리라. 그런데 사람들이 '불겠어'를 자연스러워한다는 건 의미심장하다. 아예 이 낱말의 기본형을 '붇다'가 아닌 '불다'로 생각한다는 표지이기 때문이다. 게다가 '불고, 불어서, 불으니'의 규칙적 활용은 '붇고, 불어서, 불으니'의 불규칙 활용보다 간명하기까지 하다. 그러니 '붇다'를 기억하는 게 부담스러워질 수밖에.

"병든 잎이 (누레졌다 / 누래졌다)"에서 맞는 말은? '누렇다'에 '-어지다'가 결합한 말이니 '누레졌다'가 맞다. 그런데 '노랗다'에서 파생한 '노래지다'에 끌려 '누래지다'로 쓰는 사람이 많다. '누레지다'라는 형태가 낯선 데다, '노래지다'와 '누래지다'를 하나의 짝으로 기억하는 게 편리하기 때문이리라. '뻘게지다' 대신 '뻘개지다'를, '퍼레지다' 대신 '퍼래지다'를 많이 쓰는 것도 같은 이유다.

"어제는 흐린 날씨에 미세먼지가 뒤섞여 하늘빛이 (뿌옜다 / 뿌옇었다)"에서 맞는 말은? '뿌옜다'다. 그런데 과거의 사실임에도 '뿌옇다'를 쓰기도 하고, 과거임을 의식해 '뿌옇었다'를 쓰기도 한다. '뿌옜다'가 낯설기 때문일 것이다.

눈에서 멀어진 말은 마음에서도 멀어진다.

'ㅎ' 불규칙 활용

'ㅎ' 불규칙 활용은 용언 어간의 받침 'ㅎ'이 '-아/어', '-오', '-ㄴ' 앞에서 탈락하는 것을 말한다. '까맣다'의 경우, '까맣+-아=까매', '까맣+-오=까마오', '까맣+-니=까마니'로 활용된다. 빨갛다, 파랗다, 노랗다, 하얗다, 뿌옇다 등의 색깔을 나타내는 형용사와 동그랗다, 널따랗다, 기다랗다 등의 모양을 나타내는 형용사도 모두 'ㅎ' 불규칙 활용을 하는 말들이다.

사겨보다와 쉐박다

"외국어 잘하고 싶으면 외국인 친구를 (사귀어 / 사겨) 보는 게 좋아요."

이 문장에서 괄호 안에 들어갈 말은? '사귀어'가 맞다. 줄여 쓰면 '사겨'도 맞지 않느냐고 반문하는 사람이 있을 것이다. 그러나 '사겨'로 줄어들 수 있는 말은 '사귀어'가 아니라 '사기어'다. '사기다'는 '사귀다'의 방언이니, '사겨'는 규범에 맞지 않는 말인 것이다.

그렇다면 '사귀어'를 어떻게 줄여 말해야 할까? 아쉽지만 줄여 말할 방법이 없다. 정확히 말하면 줄여 쓸 방법이 없다. '위+어'를 한 음절로 줄여 말할 때의 발음을 표기할 자모가 없기 때문이다. 한글맞춤법에서 허용하는 모음자 21개 중 줄어든 발음을 표기할 수 있는 문자는 'ㅑ, ㅕ, ㅛ, ㅠ, ㅒ, ㅖ, ㅘ, ㅙ, ㅝ, ㅞ, ㅢ'다. 이 중에 '사귀어'를 줄인 말을 표기할 문자는 없다. 줄여 쓸 문자가 없으니 줄여 말하는 걸 인정할 근거도 없다. 규범에 따른다면 '사귀어'나 '바뀌어' 등은 줄여 말하지도 줄여 쓰지도 말아야 한다. 이런 모순된 상황 속에서 '사겨'나 '바껴'처럼 일부 방언에서 쓰이는 말이 널리 퍼지게 되었다. '네'와 '내'의 발음을 구분하기 어려워지자, 표준어 '네가'를 대신하여 방언 '니가'가 널리 퍼진 것처럼.

결국 현실과 규범의 괴리 문제를 해결할 방법은 두 가지다. '위+어'의 발음 〔wjə〕에 해당하는 모음자 'ㅜㅕ'를 새로 도입하든지, 일반화된 방언 발음 '사겨'를 인정하든지. 그런데 흥미로운 건 이런 환경에서 관습화된 준말이 사전에 올랐다는 사실이다. 《표준국어대사전》에선 '쥐박다'나 '쥐짜다'를 '쥐어박다'와 '쥐어짜다'의 준말로 설명했다. 표준 규범상으로는 '쥐+어'가 '쥐'로 줄어들었다고 할 수는 없지만, 이처럼 '쥐어'를 '쥐'로 줄이는 관습을 존중해 '쥐박다'와 '쥐짜다'를 국어사전에 올린다면, '사귀어보다'와 '사겨보다'를 함께 인정하지 못할 이유도 없으리라.

사잇소리 현상과 사이시옷 표기

두 말이 결합하여 합성어를 이루면서 그 사이에서 소리가 덧날 때가 있다. '등+불〔등뿔〕', '등교+길〔등교낄〕', '예사+일〔예산닐〕' 등처럼. 이와 같이 합성어를 이룰 때 소리가 덧나는 것을 사잇소리 현상이라 하는데, 한글맞춤법에서는 앞말이 모음으로 끝나는 합성어에서 덧나는 소리를 'ㅅ'을 표기한다. 이 'ㅅ'이 '사이시옷'이다.

한글맞춤법에서 사람들이 가장 혼란스러워하는 부분이 사이시옷 규정이다. 규정을 익히더라도 실제 합성어에서 사이시옷을 넣어야 하는지 말아야 하는지를 판단하는 것은 쉬운 일이 아니다. 이 규정을 적용하는 조건이 복잡하기 때문이다. 사이시옷 규정을 적용하기 위해서는 일단 세 가지 사항을 알아야 한다. 첫째는 합성어를 구성하는 어근이 한자어인지 고유어인지를 파악하는 것이 필요하고, 둘째는 합성어의 표준발음이 무엇인가를 정확히 파악해야 하고, 셋째는 구성 낱말의 문법 범주를 정확히 알고 있어야 한다. 아래 문장에서 괄호 안에 들어갈 말을 찾아보자.

1. (마굿간 / 마구간)에는 말 두 마리가 있다.
2. 나는 책을 읽을 때 (머릿말 / 머리말)을 먼저 읽는다.
3. (햇님 / 해님)이 방긋 웃다.
4. (윗쪽 / 위쪽)으로 가면 (낚싯터 / 낚시터)가 있다.
5. (어깻죽지 / 어깨죽지)가 처졌다.

1번 문장에선 '마구간'이 맞는 말이다. 사이시옷은 고유어로 된 합성어나 합성어의 한 요소가 고유어인 경우에 붙는다. '마구간'처럼 구성 낱말 '마구(馬廐)'와 '간(間)'이 모두 한자어인 합성어는 사이시옷을 붙이지 않는다. 단, 곳간(庫間), 셋방(貰房), 숫자(數字), 찻간(車間), 툇간(退間), 횟수(回數)에만 한자 합성어임에도 불구하고 사이시옷을 붙인다.

2번 문장에선 '머리말'이 맞는 말이다. 고유어가 결합한 합성어이지만, 사이시옷을 붙일 수 없는 것은 이 낱말의 표준발음이 [머리말]이기 때문이다. [머린말]처럼 'ㄴ' 소리가 덧나는 발음을 하기도 하지만 이는 표준발음이 아니다.

3번 문장에선 '해님'이 맞는 말이다. '해님'은 명사 '해'와 접미사 '-님'이 결합된 파생어이기 때문에 합성어를 대상으로 한 사이시옷 규정의 적용을 받지 않는다. 게다가 '해님'의 표준발음은 〔해님〕이다. 〔핸님〕으로 발음하는 경우가 많지만 이는 표준발음이 아니다.

4번 문장에선 '위쪽'과 '낚시터'가 맞는 말이다. '위쪽'은 '위'와 '쪽'이 결합한 합성어다. '쪽'은 어떤 소리가 덧나서 된소리가 된 것이 아니라 원래부터 된소리이므로 사이시옷이 붙을 수 없다. '낚시터'도 역시 사이시옷이 붙지 못한다. '터'의 'ㅌ'는 거센소리이므로 소리 덧나기와 상관이 없기 때문이다. 그런데 이러한 점을 알더라도 어휘력이 부족하면 사이시옷 규정을 지키기 어렵다.

5번 문장에선 '어깻죽지'가 맞는 말이지만, '죽지'* 라는 낱말이 있다는 사실을 모르는 사람이라면 '어깨쭉지'를 선택하게 될 것이다.

문제는 위의 사항을 숙지하여 사이시옷 표기의 규정을 알더라도 정확한 표준발음을 알지 못하면 사이시옷 표기를 제대로 할 수 없다는 사실이다. 음운 현상처럼 유동성이 높은 언어 현상을 기준으로 표기의 원칙을 세웠으니, 사이시옷 표기가 헷갈리

* '죽지'는 '팔과 어깨가 이어진 관절의 부분'을 가리키거나 '새의 날개가 몸에 붙은 부분'을 가리키는 말이다. '죽지를 펴다', '죽지가 처지다' 등처럼 쓴다.

는 건 어찌 보면 당연하다. 사이시옷 표기가 일관성이 없다는 것은 수컷을 뜻하는 낱말의 표기 '수양 / 숫양', '수쥐 / 숫쥐', '수말 / 숫말', '수소 / 숫소'에서 맞는 표기를 찾아보면 알게 될 것이다. 답은 '숫양, 숫쥐, 수말, 수소'이다.

북쪽에서는 사이시옷을 쓰지 않고, 어근 형태를 그대로 유지하여 합성어를 표기하는 것을 규정으로 하고 있다. 합성어 형성 시 소리가 덧나는 사잇소리 현상을 표기에 반영하지 않는 것이다.

▷ 건넛방과 건넌방(260쪽)

손수건과 발수건

"돌이켜 회고해 보면 크고 작은 위기의 순간들이 많았습니다."

예리한 눈을 가진 사람은 이 문장의 문제를 이렇게 지적할 것이다. '회고(回顧)'가 '되돌아보며 생각한다'는 것인데 앞에 '돌이켜'란 표현을 쓴 건 문제라고. 의미상 중복적인 표현을 하는 것은 어휘력의 부족을 드러내는 것이라 생각할 수 있기에 우리는 이런 표현에 민감해진다. '돌이켜 회고해 보면'이라 말함으로써 '회고(回顧)'란 한자어의 뜻도 모르는 사람이 되고 싶진 않은 것이다. 그러나 이렇게 조심하면서도 우리는 의미상 중복적인 표현을 습관적으로 쓰곤 한다. 다만 그 중복성을 미처 깨닫지 못할 뿐이다.

"길 가는 행인에게 전단지를 나눠 주었다."

"마음이 심란할 때 듣는 음악"

'행인(行人)'은 '길 가는'과 '심란(心亂)'은 '마음'과 의미상 중복되지만, 그 중복성을 느끼는 사람은 드물다. '행인'과 '심란'을 단일어로 생각하기 때문. 이 낱말을 쓰면서 '행(行)'과 '인(人)'을 '심(心)'과 '란(亂)'을 굳이 분리해 생각하지 않는 것이다. '담장(—牆)', '바람벽(—壁)', '모래사장(—沙場)', '속내의(—內衣)', '새신랑(—新郞)', '단발머리(斷髮—)', '박수(拍手)치다' 등은 또 어떤가. 이런 상황에서 의미상 중복으로 옳고 그름을 따지는 건 부자연스러울 때가 많다. '모래밭'과 '손뼉을 치다'를 쓰고 있다는 게 '모래사장'과 '박수치다'를 쓰지 말아야 할 이유가 될 수는 없다.

게다가 '수건(手巾)'에 의미상 중복되는 '손'을 합성한 낱말 '손수건'은 '수건'과 다른 뜻으로 자리를 잡았다. '수(手)'의 뜻이 희미해진 '수건'이 '얼굴이나 몸을 닦기 위하여 만든 천 조각'을 가리키는 말로 굳어진 상황에서, '주머니에 넣고 다니는 작은 수건'을 가리키는 말로 '손수건'이 만들어진 것이다. 뜻으로 보면, '손수건'의 '손'은 '손전등'의 '손'과 같다. '휴대할 수 있는'이란 뜻의 '손'과 어울리면서 '수건'에서 '수(手)'의 뜻은 지워진 듯하다. '손수건'에 이어 '수건'을 어근으로 한 '발수건'이 만들어졌으니, '수

건'에서 '수(手)'의 뜻을 찾는 건 불가능해진 것이다.

그렇다면 앞서 거론한 "돌이켜 회고해 보면 크고 작은 위기의 순간들이 많이 있었습니다"란 문장은 어떻게 받아들여야 할까? "돌이켜 회고해 보다"와 비슷한 예들로는 '다시 재론(再論)하다', '스스로 자각(自覺)하다', '둘로 양분(兩分)하다', '자리에 착석(着席)하다' 등을 들 수 있을 터. 조금만 생각하면 의미가 중복됨을 알 수 있는 표현들이지만, 우리는 이런 표현들을 스스럼없이 쓰고, 자연스럽게 받아들인다. 이는 사람들이 이 표현들의 효용성에 공감한다는 뜻. 의사소통이 차질없이 이루어지려면 오해의 소지를 완전히 없애는 게 좋을 것이고, 중복 표현을 통해 오해의 소지가 없어진다면 이러한 중복의 번거로움 정도는 감수해야 한다고 생각하는 것이다. 표현 전략의 관점에서 보면 표현의 적절성을 따지는 기준이 달라질 수 있다.

수數를 표기하는 방식

"주택도시보증공사는 9월 말 기준 전국 민간아파트 평균 분양가를 조사한 결과 ㎡당 307만 원으로 전월보다 0.53% 상승했다고 밝혔다."

한 신문의 기사문 일부다. 그런데 이 기사의 근거가 된 주택도시보증공사의 분양 가격표에는 분양가가 '3,070'이라 표기되어 있다. 가격표에서 금액 단위를 '천 원'으로 했기 때문이다. 공공기관에서 나온 자료를 보면 이처럼 '천'을 기본 단위로 수를 표기하는 경우가 많다. 이런 관행에 따라 큰 수일 경우에는 '백만, 십억' 단위로 표기하기도 한다. 이는 서구 사회에서 수를 표기하는 관습과 일치한다.

그런데 한글 맞춤법 제44항을 보면 "수를 적을 때에는 '만(萬)'

단위로 띄어 쓴다"라고 규정하면서 '십이억 삼천사백오십육만 칠천팔백구십팔'과 '12억 3456만 7898'을 예로 제시하고 있다. 신문에서 '3,070'를 자료의 단위에 따라 '3백만 70천 원'이라 하지 않고 굳이 '307만 원'으로 바꿔 쓴 것은 수를 읽는 우리의 관습과 규범을 의식했기 때문일 것이다. 그렇다면 공공기관에서는 왜 수를 읽는 관습과 규범을 생각하지 않고 서구식 단위를 기준으로 수를 표기하는 것일까?

공공기관에서 수를 표기할 때 서구식 표기 단위를 사용한 것은 정부 수립 때로 거슬러 올라간다. 그리고 이러한 표기 방식은 시간이 지나면서 더 확대되었다. 수 표기의 국제적 통용성을 우선적으로 고려한 결과일 것이다. 그러나 공공기관이라면 '7만 원'이 아닌 '70천 원'을, '7천만 원'이 아닌 '70백만 원'을 보고 읽어야 하는 시민의 곤혹스러움을 생각해야 한다. 시민의 생활과 밀접한 사항이라면 사회적 관습과 시민의 눈높이를 먼저 생각하고 이에 대한 표기 방식을 정해야 한다는 말이다.

쉼표

"지방이 더 잘할 수 있는 일까지 중앙이 간섭해 왔다면 과감히 이를 지방에 넘기고 이에 걸맞은 재원도 넘기는 재정분권을 위한 제도개선 방안을 선도적으로 제시해야 한다."(《서울신문》, 2018.8.14.)

쉽게 읽히지 않는 문장이다. 그러나 글쓴이가 이 문장을 소리 내어 읽어준다면, 우리는 이를 쉽게 이해할 수 있을 것이다. 문맥과 뜻을 고려해, 중간중간 짧은 휴지를 두고, 끊어서 읽을 것이기 때문. 그러니 구조가 복잡한 문장을 쓸 때는 '쉼표'를 어디에 넣을지 생각해 볼 필요가 있다.

"성질 급한 철수의 누이동생이 화를 내었다"란 문장에서 '성질이 급한'은 '철수'를 꾸밀 수도, '누이동생'을 꾸밀 수도 있다. 그런데 "성질 급한, 철수의 누이동생이 화를 내었다"에서처럼 쉼표를 넣으면 이러한 중의성이 해소된다. 쉼표를 쓰면 뜻이 분명해지는 것이다. "남을 괴롭히는 사람들은, 만약 그들이 다른 사람에게 괴롭힘을 당해 본다면, 남을 괴롭히는 일이 얼마나 나쁜 일인지 깨달을 것이다"에 쉼표가 없다면 횡설수설일 뿐이듯이.

쉼표는 문장을 자연스럽고 간결하게 만드는 역할도 한다. "철수는 미소를 띠고, 속으로는 화가 치밀었지만, 그들을 맞았다"에서처럼 구절을 중간에 넣어 상황을 생생하게 전달할 수도 있고, "여름에는 바다에서, 겨울에는 산에서 휴가를 즐겼다"에서처럼 되풀이된 구절이 없이 문장을 간결하게 쓸 수도 있는 것이다.

그렇다면 쉼표를 활용해 위의 첫 인용문은 다음과 같이 바꿔볼 수 있으리라. "지방이 더 잘할 수 있는 일까지 중앙이 간섭해 왔다면, 과감히 이를 지방에 넘기고 이에 걸맞은 재원도 넘기는, 재정분권을 위한 제도개선 방안을 선도적으로 제시해야 한다"

쉼표를 잘 쓰면 글이 쉬워진다.

스스럽다와 스스럼없다

"딸이 송도에서도 손꼽는 부잣집 맏며느리가 된 후 늘 스스러운 손님처럼 대해오던 박 씨였다."(박완서, 《미망》)

이 문장에서 '스스러운'이 무슨 뜻인지 궁금해 할 사람이 많을 것이다. '스스러운'의 기본형인 '스스럽다'의 뜻은 '조심스럽거나 부끄러운 마음이 있다'이다. 이런 말은 소설에서나 가끔 접할 수 있으니 이를 낯설어하는 건 당연하다. 반면 '조심스럽거나 부끄러운 마음이 없다'는 뜻인 '스스럼없다'는 일상생활에서 자주 쓰는 낱말이다.

'스스럼없다'는 '스스럼이 없다'란 구에서 조사 '이'를 생략하여 만든 합성어다. 여기에서 '스스럼'은 '스스럽다'에 명사를 만드는 말 '-ㅁ'이 결합한 것이다. '스스럽다'에 '-ㅁ'을 결합하면

'스스러움'이 되어야 할 텐데 '스스럼'이 된 것이 특이하다. 이렇게 된 건 '스스러움'을 '스스럼'으로 줄여 쓰는 일이 잦아지면서 '스스럼없다'라는 합성어가 만들어졌기 때문이다. 이때 '스스러움'이 '스스럼'으로 쓰인 건 '부끄러움'과 더불어 '부끄럼'이 쓰이는 것과 같은 이치다. 그러나 '스스럼없다'나 '부끄럼'처럼 낱말로 완전히 굳어지지 않는 이상, 아무리 자주 쓰여도 그 예외를 인정받기는 쉽지 않다. '자랑스런'과 '사랑스런'은 '자랑스럽다'나 '사랑스럽다'의 활용형으로 널리 쓰이지만 규범은 여전히 '자랑스러운'과 '사랑스러운'만을 인정한다.

《표준국어대사전》에서는 '스스럼없다'나 '스스럼없이'를 수록하면서도 '스스럼'이나 '스스러움'은 수록하지 않았다. '스스럼없다'나 '스스럼없이'처럼 예외적으로 굳어진 말을 주로 사용하는 현실을 반영한 것이다. '스스럼없다'에서 '스스럼'을 분리하지 않으니 '스스럼없다'에서 '스스럽다'를 생각해내기도 어려워졌다.

아무러면과 아무려면

1. (아무려면 / 아무러면) 자네 부탁인데 들어줘야지.
2. (아무려면 / 아무러면) 내가 널 못 본 체하겠니?

위 문장에서 괄호 안에 들어갈 말은 뭘까? 1번에선 '아무려면'이, 2번에선 '아무러면'이 정답이다. 어문규범과 관련한 책에서는 이 두 낱말을 구분해 써야 한다는 취지로 대개 다음과 같이 설명한다.

'아무러면'과 '아무려면'은 그 뜻에 차이가 있다. '아무러면'은 있기 어려운 경우나 상태를 가정하는 뜻으로 반어적인 의문문에 주로 쓴다. '아무렴'의 본말인 '아무려면'은 말할 나위 없이 그렇다는 뜻으로 상대의 말에 강한 긍정을 보일 때 쓴다.

그런데 실제 쓰임을 보면 '아무려면'을 '아무렴'의 본말로 쓰는 경우를 찾기는 어렵다. 사전의 용례를 제외한다면, '아무려면'은 "아무려면 내가 널 못 본 체하겠니?"처럼 반어적 의문문에 쓰거나, "아무려면 어떻습니까?"처럼 '어떻든지 간에 상관없음'을 나타낼 때 쓴다. 이처럼 '아무렴'과 '아무려면'을 준말과 본말의 관계로 인식하는 사람이 극히 드무니, '아무려면'과 '아무러면'의 뜻을 구분해 쓰라는 가르침이 받아들여질 리 없다. 그렇다면 1번 문장에선 '아무렴'이 적절하다고 하는 게 현실적인 설명이 아닐까?

'아무려면'이 '아무렴'의 본말이라는 설명을 포기한다면, '아무려면'이 '아무러면'의 뜻으로 폭넓게 쓰이는 현상을 설명하는 문제만 남는다. 그런데 '아무러하다'가 포함된 낱말에서 발생하는 이런 혼란은 어제오늘의 일이 아니다. '아무러나'와 '아무려나'는 《큰 사전》에선 동의어였지만, 현재는 '아무려나'만 표준어다. '아무러면'과 유사한 '설마'의 뜻으로 쓰는 부사로는 '아무러니'가 아닌 '아무려니'가 표준어다. 상황이 이렇다면 '아무려면'을 '아무러면'과 같은 뜻의 표준어로 인정할 것인지를 검토하는 게 생뚱맞은 일은 아닐 터.

규범은 무분별한 변화를 막는 보루이면서, 변화의 흐름을 이어주는 물꼬이기도 하다.

알은척

"텔레비전에 나오고 나서 (알은척 / 아는 척)하는 분들이 늘었어요."

위의 문장에서 괄호 안에 들어갈 말은 뭘까? 답은 '알은척'이다. 사실 '알은척'은 문법 규칙에는 맞지 않는 말이다. '알(다)+은+척'의 구성인 이 낱말이 문법 규칙대로 만들어졌다면, '알(다)'의 'ㄹ'이 탈락하여 '안척'이나 '아는척'이 되었을 것이다. '알다'는 '알고, 아니, 아는…'으로 활용되기 때문이다. 그런데도 '알은척'은 당당한 표준어다. '알은척'이 다음 뜻의 낱말로 굳어졌기 때문이다.

"텔레비전에 나오고 나서 알은척하는 분들이 늘었어요"에서 '알은척'의 뜻은 '다른 사람을 보고 인사를 하는 등의 안다는 표시를 냄'이다. "그가 그 일에 대해 알은척을 한다"에서 '알은척'

의 뜻은 '어떤 일에 대해 관심을 가지며 안다는 태도를 나타냄'이다. '알은척'은 이 두 가지 뜻을 나타내기 위한 낱말이 된 것이다.

"알량한 지식으로 (알은척 / 아는 척)을 하는 것보다는 어리석게 구는 게 낫다."

위의 문장에서 괄호 안에 들어갈 말은 뭘까? 문맥상 '알지 못하면서 아는 것처럼 그럴 듯하게 꾸밈'의 뜻이니 '알은척'은 아니다. 그런데 정답인 '아는 척'은 낱말이 아니다. 동사 '알다'가 의존명사 '척'을 꾸미는 구성의 일반 구이다. 낱말은 문법 규칙에 맞지 않는 형태로 만들어져 쓰일 수 있지만 이처럼 구로 쓰일 때는 문법 규칙에 따른다.

국어사전에서의 구분은 이처럼 명확하지만, 현실에서는 '알은척'과 '아는 척'을 구분하기보다는 이를 '아는 척'으로 통합해 쓰는 경향이 있다. 차이가 크지 않다면 단순화하는 게 여러모로 편리하기 때문이다. 관습을 지키는 게 불편해질 때 변화가 시작되는 것이다.

에와 애

다음 문장에서 괄호 안에 들어갈 낱말을 골라 보자.

1. 그 사람 처신을 보면 확실히 (켕기는 / 캥기는) 게 있는 모양이다.
2. 그는 입에 (게거품 / 개거품)을 물고 열변을 토하고 있었다.
3. 지금 사장님께 (결제 / 결재)를 올렸어.
4. 빨리 대금을 (결제 / 결재)해야 한다.
5. (굼벵이 / 굼뱅이)도 구르는 재주가 있나 봐.
6. 물건이 (금세 / 금새) 동이 났다.
7. 오늘이 선생님의 (49제 / 49재)가 있는 날이다.
8. 넥타이를 (메고 / 매고) 출근을 했다.
9. 어른이 (쩨쩨하게 /째째하게) 굴면 되겠어?
10. (베개 / 배개)를 (베고 / 배고) 잤다.

정답은 1번 '켕기는', 2번 '게거품', 3번 '결재(決裁)', 4번 '결제(決濟)', 5번 '굼벵이', 6번 '금세', 7번 '49재(齋)', 8번 '매고', 9번 '쩨쩨하게', 10번은 '베개'와 '베고'이다. 하나 이상 틀린 사람이 많을 것이다. 자주 쓰는 말인데도 틀리는 이유는 뭘까?

첫째, 원어를 모를 때 그럴 수 있다. 돈을 주고받으며 거래를 마무리하는 '決濟(결제)'와 상관이 부하가 제출한 안건을 허가하거나 승인하는 '決裁(결재)'를 구분하지 못하거나, 불교 의식의 '齋(재)'와 제사의 '祭(제)'를 구분하지 못하는 것이다.

둘째, 그 말이 만들어진 맥락을 모를 때 그럴 수 있다. '게거품'이 게가 토하는 거품 모양의 침인 '게거품'을 비유적으로 쓴 것임을 모르거나, '굼벵이'의 '벵이'를 '가난뱅이'의 '-뱅이'로 오해하는 거나, '금세'가 '금시에'가 줄어든 말임을 모르는 것이다.

셋째, '에'와 '애'의 발음을 구분하지 못할 때 그럴 수 있다. 낱말의 선택이 헷갈리는 건 대부분 여기에서 비롯한 문제다. '매다'나 '베개'처럼 자주 접하는 낱말이더라도, '메다'와 '매다', '베개'와 '배개' 중에서 하나를 선택하려면 헷갈릴 정도이니 말이다. 이처럼 '에'와 '애'는 표기상 구분이 되지만, 발음에서는 거의 구분이 되지 않는다. 일부 한국어 화자 중에는 두 발음을 구분하는 사람이 있다지만 이는 극소수다. 그러니 '에'와 '애'가 포함된 말을 표기로 구분하기 위해선 특별한 노력이 필요할 것이다. '왠만하면'이 아닌 '웬만하면'을, '왠일'이 아닌 '웬일'을, '웬지'가 아닌 '왠지'를 선택할 수 있으려면, 발음보다 문맥을 이해하는 노력이 선행되어야 하는 것처럼.

일상 대화에서는 '에'와 '애'의 발음을 구분할 수 없는 상황을 극복하기 위해 발음을 바꾸는 경우도 있다. 예를 들어, '대다'와 '데다'를 구분하기 위해 '데다'를 '디다'로 발음하거나, '내가'와 '네가'를 구분하기 위해 '네가'를 '니가'로 발음하는 것이다. 이는 표준발음상으로 구분되지 않는 낱말을 방언의 발음을 활용해 구분하는 방식이다. '에'와 '애'를 발음상 구분하는 게 불가능한 상황에서 나타난 현상이니 이를 혼란을 극복할 대안으로 존중할 필요가 있다.

오지랖과 무릎

'오지랖'이 맞을까, '오지랍'이 맞을까? '오지랍' 쪽으로 기울어지는 사람이 많을 테지만, 표준어는 '오지랖'이다.

'오지랖'은 '웃옷이나 윗도리에 입는 겉옷의 앞자락'을 가리키는 말이다. 그런데 일상생활에서 '오지랖'을 이런 뜻으로 사용하는 경우는 거의 없다. 다만 쓸데없이 지나치게 아무 일에나 참견하는 사람에게 '오지랖이 넓다'라거나 '오지랖을 떨다(부리다)'라고 말하는 건 흔히 볼 수 있다.

이처럼 '오지랖'이란 낱말을 원뜻과 상관없는 맥락에서 관용적으로만 쓰다 보니, 사람들은 '오지랖이 넓다'라는 말을 하면서도 '오지랖'이라는 낱말의 원래 의미와 형태를 특별히 생각하지 않는다. '오지랖이 넓다'를 '오지라비 널따'로 발음하면서 낱말의 형태를 '오지랖'이 아닌 '오지랍'으로 생각하게 된 건 이 때문일 것이다.

현실이 이렇다면 '오지랖'과 더불어 '오지랍'을 표준어로 삼는 걸 고려해봄직하다. '오지랖이 넓다'만 쓰이는 현실에서, '오지라비'라는 사람이 대다수고 '오지라피'라는 사람이 극소수라면, 이는 한국인의 머릿속에 '오지랍'이 낱말의 한 형태로 자리 잡고 있는 뜻. 그러니 '오지랍'의 실체를 그저 모른 체할 수만은 없는 노릇이다.

그럼 '무릎'이 맞을까, '무릅'이 맞을까? 모두들 고민 없이 '무릎'을 선택할 것이다. 그러면서도 많은 사람들이 '무릎이 아프다'를 '무르비 아프다'로, '무릎을 구부리다'를 '무르블 구부리다'로 발음한다. '무릎이'와 '무릎을'을 '무르비'와 '무르블'로 발음하면서도 '무릅'이 아닌 '무릎'을 표준어로 선택하는 건 무슨 의미일까. 발음 습관과는 상관없이 '무릎'을 원래의 형태로 머릿속에 기억한다는 뜻이다. 그러니 '오지랍'을 받아들여야 한다는 현실 논리를 '무릅'에까지 적용할 수는 없다.

모든 게 그렇지만 언어 현실도 단선적이지 않다.

우려내다와 울궈내다

"철없는 아들은 아버지에게서 돈을 (우려낼 / 울궈낼) 생각만 했다."
"찌개를 끓이기 전, 멸치 국물부터 (우려냈다 / 울궈냈다)."

이 두 문장에서 괄호 안에 들어갈 말은? 첫 번째 문장에선 '우려낼', 두 번째 문장에선 '우려냈다'이다. '우려내다'는 '우리(다)+어+내다'의 구성인데, 이를 보면 '울궈내다'는 '울구(다)+어+내다'의 구성임을 알 수 있다. 그러나 '울구다'는 '우리다'의 방언(경기, 함경)이기 때문에 '울궈내다'는 표준어가 될 수 없는 것이다.

첫 번째 문장에서 굳이 '울궈낼'을 선택한 사람은 '멸치를 물에 끓여 멸치 맛을 뽑아내는 것'과 '꾀거나 위협하여 남의 돈을 빼내 것'은 서로 다른 낱말로 표현해야 한다고 생각했을 것이다. 그러나 '우려내다'는 이 두 가지 맥락에서 모두 쓸 수 있는 낱말이다. '멸치 국물을 우려내는 것'과 '돈을 우려내는 것'은 어떤 대상으로부터 무엇인가를 빼낸다는 점에서 동일한 면이 있기 때문에 한 낱말이 다의화한 것으로 보는 것이다.

그러나 '울궈내다'는 '어떤 대상에서 무엇을 빼내는 정도'가 심하거나 부정적임을 표현할 때 자연스럽게 쓰이는 듯하다. '멸치 국물을 울궈냈다'보다 '아버지에게서 돈을 울궈냈다'를 자연스럽게 받아들이는 건 이 때문이다. 이러한 문체적 특징은 이미 썼던 내용을 계속해서 써먹는 행위를 비난할 때에도 드러난다. "그 교수는 이십 년 전 강의안을 지금까지 (우려먹고 / 울궈먹고) 있다"에서 괄호 안에 들어갈 말은 뭘까? 규범을 의식하면 '우려먹고'를 선택해야겠지만, 경멸과 비난 감정을 살리려면 '울궈먹고'를 선택해야 하지 않을까?

언어적 감수성이 변한 이상 언어 규범으로 이를 통제하는 건 불가능하다. 언어 규범의 존재 의미는 소통의 어려움을 해결하는 데 있을 뿐이다.

자그마치와 자그마한

"말을 하거나 글을 쓸 때 조금만 주의를 기울이면 오류를 줄일 수 있다." 국어 시간에 들었을 법한 말이다. 그런데 주의를 기울여도 오류를 피할 수 없을 때가 있다. 어설피 알면서 생각이 많으면 그럴 수 있다.

"우승 상금이 자그만치 3억 원이나 된다"에 쓰인 '자그만치'는 틀린 말이다. '자그마치'로 써야 맞다. 그런데 '자그만치'는 교열자들의 눈이 교차하는 신문에서조차 버젓이 쓰인다. 이 정도면 필시 '자그마치'를 '자그만치'로 쓰게 되는 이유가 있을 터. 발음이 비슷해서일까? 그렇다면 무엇이 '자그마치'의 '마치'를 '만치'로 발음하도록 유도하는 걸까? 단서는 '만치'라는 낱말에서 찾을 수 있다.

"나도 너만치 잘 달릴 수 있다"와 같은 표현에서 '만치'를 접한 사람이라면 '자그마치'를 '자그만치'라 할 수도 있다. '예상보다 훨씬 많이'라는 '자그마치'의 뜻을 생각하다 보면 비교의 뜻을 지닌 '만치'를 끌어들일 수 있기 때문이다. 나름 논리적으로 유추하여 '작다'와 '만치'를 결합시킨 '자그만치'를 만든 것이다.

그럼 "할아버지는 자그만한 손수레에 폐지를 담고 있었다"에 쓰인 '자그만한'은 어떤가? 이는 '자그마한'으로 써야 맞다. 이런 오류에도 이유는 있다. '자그맣다'의 활용형인 '자그만'을 어근으로 착각하여 여기에 '-하다'를 붙였거나 비교의 '-만 하다'를 끌어들여 '자그만한'을 구성했을 수 있다.

새로운 표현은 유추로 만들어진다지만 어설픈 유추는 말을 어지럽히기도 한다. '자그맣다'의 본말이 '자그마하다'이고, '자그마치'가 '자그마하다' 혹은 '자그맣다'에서 비롯한 부사임을 알았다면 어땠을까? 기본적인 사실을 정확히 알면 어설피 유추하는 일은 그만큼 줄어든다.

졸다, 줄다, 쫄다

'졸다'와 '줄다'는 어원이 같다. 중세국어 자료를 보면 '졸다'는 '수효, 분량, 부피 등이 적어지다'의 뜻을 지닌 말로 쓰였다. 그런데 '졸다'에서 '줄다'로의 형태 변화 과정을 거치는 동안 '졸다'와 '줄다'가 더불어 쓰이게 되었다. 이런 상황에서는 대개 이전 형태가 도태되기 마련이지만, 두 형태가 각각 특정 의미를 띠게 되면서 공존하기도 한다. 《큰 사전》에서는 '졸다'를 '줄다'의 작은말로, '줄다'는 '졸다'의 큰말로 기술했다. '줄다'와 '졸다'는 어감이 다른 말이 되면서 공존할 수 있었던 것이다.

이후 '졸다'의 뜻이 변하면서 '졸다'의 위상은 좀 더 확고해진다. 《표준국어대사전》에서는 '졸다'를 "찌개, 국, 한약 따위의 물이 증발하여 분량이 적어지다"로 풀이하는데, 이는 '줄다'에 비해 '졸다'의 의미 폭이 좁아지며 특수화되었음을 나타낸 것이다.

게다가 '졸다'에는 "(속되게) 위협적이거나 압도하는 대상 앞에서 겁을 먹거나 기를 펴지 못하다"는 뜻이 추가되었다. 의미가 특수화되면서 비유적 의미로 확장되었으니 '졸다'는 '줄다'로부터 벗어나 그 위상이 굳건해졌다고 해야 할 것이다.

그러나 "그는 위협적인 질문에도 졸지 않고 당당하게 대답했다"라는 문장은 아무래도 낯설다. '쫄지 않고'를 써야 자연스러울 자리에 '졸지 않고'를 썼기 때문이다. 이런 점을 보면 '쫄다'는 이미 심리적 위축 상태를 나타내는 말로 특수화되었다고 할 수 있다. 그렇다면 이러한 '쫄다'를 '별다른 이유 없이 어두음을 된소리로 발음하는 예'로 취급할 수는 없을 것이다. "찌개가 너무 쫄았어"의 '쫄다'를 비표준어로 배제한 논리를 "너무 쫄아서 한마디도 못했어"의 '쫄다'를 배제하는 논리로 삼을 수 없다는 말이다.

▷ 짤방과 짜르다(82쪽)

주책과 안절부절

"나이 먹은 사람이 (주책이라고 / 주책이 없다고) 속으로 욕하는 건 아니겠지?"

이 문장에서 괄호 안에 들어갈 말은? 둘 중 하나를 선택해야 할 것 같지만 둘 다 맞는 말이다. '주책(主着)'의 본뜻이 '일정하게 자리 잡힌 주장이나 판단력'임을 의식하는 사람이라면 혼란스러울 만도 하다. 그러나 이런 사람에게도 '주책을 부리다', '주책을 떨다', '주책이 심하다' 등은 이미 자연스럽다. '주책'이 관습상 '없다'와 자주 결합해 쓰이다 보니, '주책'에 '일정한 생각이 없이 되는 대로 하는 짓'이란 뜻이 스며든 것이다. 결국 '본뜻'과 '관습적인 맥락의미' 중 어느 한 편의 손을 들어줄 수 없는 상황에서, '주책이 없다'와 '주책이다'를 같은 뜻으로 인정하게 되었다.

"그가 떠날까 봐 (안절부절했던 / 안절부절못했던) 때가 있었다."

이 문장에서 괄호 안에 들어갈 말은? '안절부절'의 뜻이 '마음이 초조하고 불안하여 어찌할 바를 모르는 모양'임을 떠올린 사람은 '안절부절했던'을 선택할 수 있겠지만, '안절부절못했던'이 맞는 말이다. '안절부절'이 부정적인 상황에서만 쓰이다 보니, '안절부절'과 '못하다'의 결합을 더 자연스럽게 받아들인 것이다. 여기에서도 '본뜻'과 '관습적인 맥락 의미'의 쓰임이 팽팽한데, 언어규범에선 일찍부터 '관습적 맥락 의미'의 우위를 선언했다. 《조선어사전》과 《큰 사전》엔 아예 '안절부절못하다'란 결합형만 올림말로 삼은 것이다.

그러나 '안절부절못하다'가 '안절부절하다'를 압도하지는 못했던 듯하다. 《큰 사전》 편찬의 주역이었던 이윤재의 《표준조선말사전》에선 '안절부절못하다'를 배제하고 '안절부절하다'만을 올림말로 삼고 있다. '본뜻'을 회복하려는 의식은 본능적이어서, 간혹 규범의 판을 뒤흔들 만큼 강력한 힘을 발휘할 때가 있는 것이다.

의미의 전염

어떤 말이 부정적인 말과 자주 어울려 쓰이다 보면 부정적인 뜻에 전염되는 경우가 많다. 예를 들어 '절대로' 또는 '완전히'의 뜻인 '전혀'가 부정어와 어울리다 보니 '전혀'에 부정의 뜻이 있는 것으로 느껴진다. "이거 갖고 싶니?"라는 질문에 "전혀"라고 답하는 게 자연스러운 것이다. '생각했던 것보다 많이'란 뜻의 '별로'도 마찬가지. "그 사람 별로야"는 그에 대한 평가가 박할 때 쓰는 말이다. 그런데 의미가 전염되었으면서도 부정의 뜻과 긍정의 뜻이 각축을 벌이는 경우도 있다.

'야무지고 반듯하다'는 뜻의 '칠칠하다'는 주로 부정어 '못하다', '않다'와 어울려 쓰이는 말이지만, "그 댁이 큰댁의 기둥인데 장가를 열 번 들면 그만큼 칠칠하고 일새 빠른 사람을 구경이나 할 줄 아오?"(심훈, 《영원의 미소》)에서처럼 부정어 없이 원래의 뜻대로 쓸 때도 있다. 함께 어울리는 부정어의 뜻이 '칠칠하다'에 침투하기가 쉽지 않은 조건인 것이다. 그러다 보니 부정의 뜻은 '칠칠하다'의 속된 표현인 '칠칠맞다'

에 전염되었다. '맞다'는 '궁상맞다, 능글맞다'의 '궁상, 능글' 처럼 부정적인 표현 뒤에 붙는 접사이니, '칠칠맞다'는 부정의 뜻이 전염되기에 최적의 조건을 갖춘 말인 것이다.

규범은 '칠칠맞다'는 틀리고 '칠칠맞지 못하다'가 맞다고 강조하지만, "넌 왜 칠칠맞지 못하게 물건을 여기저기 빠트리고 다니는 거니?"를 "넌 왜 칠칠맞게 물건을 여기저기 빠트리고 다니는 거니?"로 생각하는 대중의 감각을 교정하기는 역부족인 듯하다.

틀리다와 다르다

글쓰기 교육을 받아본 사람이라면 '틀리다'와 '다르다'를 구분해서 써야 한다는 말을 한번쯤은 들었을 것이다. 친절한 선생님은 영어와 비교하여 설명하기도 한다. "'틀리다'는 'wrong'이고 '다르다'는 'different'니까 '틀리다'와 '다르다'는 전혀 다른 낱말인 거야"라고. 그런데 이런 설명까지 들었으면서도 "너는 그렇게 생각하겠지만 내 생각은 좀 틀려"라는 말이 튀어나오는 걸 막을 수 없을 때가 있다. 부지불식간에 튀어나온 말 때문에 사고방식이 문제라는 핀잔을 듣기도 한다. "자기와 다른 생각을 어떻게 잘못된 것이라고 표현할 수 있어"라고.

그런데 수없이 교정을 받고 경우에 따라선 가시 돋친 핀잔을 들으면서도 '다르다'가 올 자리에 '틀리다'를 쓰는 말 습관은 쉽게 고쳐지지 않는다. 이렇게 줄기차게 잘못 쓰는 데는 대부분 그럴 만한 이유가 있기 마련이다.

문세영의 《조선어사전》을 보면 '틀리다'는 '틀어지다'와 같은 말로 풀이되었다. 이를 보면 당시 '틀리다'의 뜻이 지금보다 더 넓었음을 짐작할 수 있다. 게다가 이 사전에서는 '다르다'를 "①같지 않다 ②틀리다"로 풀이했다. '다르다'의 의미항목에 '틀리다'를 포함한 것이다. '틀리다'와 '틀어지다', '다르다'와 '틀리다'의 관계가 끊어진 것은 《큰 사전》부터다. 《큰 사전》에서는 '틀리다'를 "①바른 점에 들어서지 아니하다 ②한 물건이 이 끝과 저 끝이 서로 반대 쪽으로 돌림을 당하다"로, '다르다'를 "①같지 아니하다 ②한 사물이 아니다"로 풀이했다.

'틀리다'를 '다르다'의 뜻으로도 쓴다는 건 아직까지 '틀리다'에서 '다르다'를, 그리고 '다르다'에서 '틀리다'를 연상한다는 말이다. 이러한 연상까지 규범의 이름으로 막을 필요가 있을까?

행복하자

"행복하자. 우리 행복하자. 아프지 말고…." 〈양화대교〉라는 노래의 노랫말이다. 이 노랫말을 통해 '행복하자'를 처음 접했을 때 나는 이 표현이 거슬렸다. 물론 지금은 노래에 익숙한 만큼 '행복하자'란 표현도 자연스럽게 느껴진다. 처음엔 왜 '행복하자'가 거슬렸을까? 내가 '행복하다'의 품사가 형용사임을 특별히 의식했기 때문일 거다.

상태를 나타내는 말인 형용사는 그 속성상 어떤 식으로 행동할 것을 요구하는 명령이나 청유문의 서술어로 쓰기 어렵다. '오늘부터 예쁘자 / 예뻐라'나 '오늘부터 높자 / 높아라'란 표현을 하는 사람은 거의 없다. 이를 근거로 글쓰기 선생님은 형용사를 명령이나 청유문의 서술어로 쓰면 안 된다고 가르친다.

그런데 "다시 볼 때까지 건강해라 / 건강하자"나 "어떤 상황에서든 침착해라 / 침착하자"라는 표현은 자연스럽기만 하다. 형용사를 명령이나 청유문의 서술어로 쓰지 않는다는 걸 문법적 원칙으로 삼는다면, '건강하게 지내라 / 지내자'나 '침착하게 대처해라 / 대처하자'로 표현하라고 할 것이다. 그러나 사실 이런 표현에까지 문법의 원칙을 일률적으로 적용할 수는 없다. 이쯤 되면 이러한 표현들이 자연스럽게 받아들여지는 이유를 찾는 게 합리적이다.

말의 쓰임을 볼 때, 사람들은 '건강하거나 침착한 상태'를 '그러한 상태에 이르기까지 의식적 노력이 필요한 것'으로 인식하는 듯하다. '당당하자, 솔직하자, 정직하자'가 자연스러운 것도 그 때문이리라. 이는 분명 '예쁘다'나 '높다' 등과 같은 형용사의 쓰임과는 다른 점이다. 그렇다면 형용사가 명령과 청유문의 서술어로 쓰일 수 있느냐는 결국 그 형용사의 의미에 대한 언어적 인식이 어떠한가에 달린 것이라 할 수 있다. '행복하자'가 자연스러운 우리들에게 '행복'은 '애써 도달해야 할 어떤 경지'가 되어 버린 게 아닐까?

더 나은 언어생활을 위한

우리말 강화

1판 1쇄 2019년 5월 17일

지은이 | 최경봉

펴낸이 | 류종필
편집 | 최형욱, 이정우
마케팅 | 김연일, 김유리
표지 · 본문 디자인 | 석운디자인

펴낸곳 | (주) 도서출판 책과함께
주소 (04022) 서울시 마포구 동교로 70 소와소빌딩 2층
전화 (02) 335-1982
팩스 (02) 335-1316
전자우편 prpub@hanmail.net
블로그 blog.naver.com/prpub
등록 2003년 4월 3일 제25100-2003-392호

ISBN 979-11-88990-35-1 03700

이 도서의 국립중앙도서관 출간시도서목록(CIP)은
서지정보유통지원시스템 홈페이지(http://seoji.nl.go.kr)와
국가자료종합목록시스템(http://www.nl.go.kr/kolisnet)에서
이용하실 수 있습니다.
(CIP제어번호 : CIP2019017175)